JUAN PABLO II

JUAN PABLO II

El pontífice de la esperanza

por Roberto Mares

Grupo Editorial Tomo, S.A. de C.V.
Nicolás San Juan 1043
03100 México, D.F.

1a. edición, mayo 2005.

©   Grupo Editorial Tomo, S.A. de C.V.
     Juan Pablo II

©   2005, Grupo Editorial Tomo, S.A. de C.V.
     Nicolás San Juan 1043, Col. Del Valle
     03100 México, D.F.
     Tels. 5575-6615, 5575-8701 y 5575-0186
     Fax. 5575-6695
     http://www.grupotomo.com.mx
     ISBN: 970-775-118-5
     Miembro de la Cámara Nacional
     de la Industria Editorial No 2961

Proyecto: Roberto Mares
Diseño de Portada: Trilce Romero
Formación Tipográfica: Servicios Editoriales Aguirre, S.C.
Supervisor de producción: Leonardo Figueroa

Impreso en México - *Printed in Mexico*

Contenido

Prólogo

Los romanos crearon el concepto, y el cargo público, de *Pontifex Maximus*, que se asignaba a un personaje de singular virtud, dedicado a la tarea de "construir puentes" entre el pueblo, los dignatarios de la política y los dioses, de manera que, conciliando ideas e intereses, se encontraba un estado de armonía social y personal.

La Iglesia católica, desde los primeros tiempos, quiso asumir la tarea pontificial, como esencia y razón de su existencia secular. Los puentes tendidos entre los hombres, en el trágico desenvolvimiento de los tiempos, no siempre han conducido hacia el bien y la verdad; pero es indudable que en el seno espiritual de la Iglesia católica ha existido siempre la semilla de un humanismo liberador.

En la mente y el corazón de Karol Wojtyla, como hombre y como Papa, creció con natural ímpetu la vocación pontificial, precisamente en un tiempo en el que las riberas de la experiencia humana, en todos los ámbitos de la vida, parecían haberse separado de tal manera que entre ambas corrían impetuosos y violentos ríos de intolerancia, de injusticia y estupidez.

En estas corrientes encontramos las dolorosas contradicciones que marcaron el siglo XX y que ahora, en los pocos años que llevamos viviendo en el nuevo siglo y milenio, nos parecen cosa de la historia, como si el pasado se hubiera quedado ya en el pasado.

Y, en efecto, ya no tenemos razón para pensar en el porvenir como una catástrofe inevitable, nos sentimos libres, responsables y capaces de oponer la fuerza del espíritu ante la tentación de caer en la simpleza ideológica o la perniciosa adicción al totalitarismo esclavizante.

Ahora, sin la total conciencia de nuestra recién adquirida madurez, pero con la semilla del humanismo libertario bien sembrada en el alma, rendimos homenaje a uno de los más grandes sembradores del siglo XX y de todos los tiempos, Karol Wojtyla, Juan Pablo II, el pontífice de la esperanza.

Roberto Mares

El nacimiento

Karol Wojtyla nació el 18 de mayo de 1920, en Wadowise, una pequeña ciudad de la provincia polaca de Galizia, que había sido parte del imperio austrohúngaro. Él nació en la Europa de la posguerra, cuando vencedores y vencidos vivían entre el sufrimiento y el rencor, a causa del hambre, la destrucción y el recuerdo de diez millones de muertos; comenzaba el tiempo de la revancha. Los vencedores hacían que los vencidos pagaran caro la derrota. De la miseria de los pueblos y de la inconsecuencia de los especuladores de los grandes centros financieros del mundo se fue gestando la contrapartida extremista: Mussolini en Italia, Hirohito en Japón y Hitler en Alemania.

Sobre la plaza de la Iglesia, una mañana de mayo de 1920, a pesar de los magros frutos, los comercios de Wadowise respiraban el inicio de una primavera de libertad que el tratado de Versalles había anunciado dos años

Karol Wojtyla, 1921.

Su madre deseaba un sacerdote para curar las almas de los hombres.

antes. Emilia Kaczorowska de Wojtyla avanzaba con prudencia en el empedrado, pues la bruma que bajaba de los montes Beskides lo hacía especialmente resbaladizo. Su vientre crecido apuntaba hacia adelante. La esposa de Karol Wojtyla, oficial de Estado Mayor del duodécimo regimiento de infantería, muy pronto habría de dar a luz por tercera vez.

Ocho meses antes, cuando aparecieron los primeros signos de embarazo, ella de inmediato lo comunicó a su esposo. Juntos habían dado gracias a Dios por haber mitigado un poco la tristeza provocada por la pérdida prematura de su pequeña Olga, seis años antes. Este niño viviría por ella, por ellos y por Edmond, su hijo mayor. Ella deseaba tener otro hijo varón, el primero sería médico, para curar los cuerpos de los hombres, y el otro habría de ser sacerdote, para curar las almas.

La casa de los Wojtyla era muy modesta; sin embargo su pequeña casa, que se componía de dos piezas, era suficiente para constituir un hogar lleno de orden y calidez, pues Emilia se ocupaba diligentemente de la casa y del cuidado de sus hijos, en especial del pequeño, a quien nombraron Karol, como su padre. Edmond era ya un adolescente, por lo que trabajaba en el campo y gozaba de una cierta libertad, lo que era congruente con las costumbres de la época y el lugar. El pequeño Karol, a quien llamaban "Lolek", abría sus grandes ojos cafés y tendía sus brazos cuando su madre se inclinaba sobre la cuna, cantando con suavidad.

La nación polaca

E l país en que naciera y creciera Karol Wojtyla había sido una vez la mayor potencia del Este de la Europa Central. La unión dinástica polaco-lituana creó un Estado poderoso que, mediante la derrota de los Caballeros Teutónicos, en 1410, preparó el terreno para doscientos años de auge de Polonia. En el siglo XV el dominio polaco se extendía desde el mar Negro hasta el Báltico, y desde las fronteras germanas en el Oeste, hasta casi las puertas de Moscú, en el Este. En aquellos tiempos solamente Francia superaba en población al reino polaco. En 1683, tropas polacas, comandadas por el rey Jan Sobieski, le hizo entrega al Papa Inocencio XI el estandarte verde de Mahoma, arrebatado al gran visir turco.

La historia subsiguiente de Polonia fue menos gloriosa. No obstante, los recuerdos de la grandeza perdida permanecieron vivos en la obstinada convicción de que Polonia tenía un sitio en la mesa europea, pues en los primeros tiempos de su historia nacional, Polonia estuvo en constante relación con la civilización de Europa Occidental. Muchos intelectuales polacos formaban parte de las universidades europeas; pero la constante interacción de Polonia con Occidente no se limitaba al campo académico. La ciudad de Cracovia llegó a ser la mayor encrucijada para la cultur~ el comercio europeos. En la gran plaza del mercad~ comprarse casi de todo y ahí se escuchaban to~ guas europeas. En Cracovia no se vivía en lo~ la cultura europea, sino en el centro mismo d~ bargo, ninguna de las conexiones intelectu~ comerciales o arquitectónicas de Polonia co~

tanto en la formación de la personalidad polaca como lo que fuera el más fuerte vínculo de la nación con Europa: la adopción del catolicismo.

En general, se considera que la historia polaca se inicia con el bautismo del príncipe Piast Mieszko I, en el año 966. La elección de Mieszko de la cristiandad latina en lugar de la oriental, más afín a la cultura eslava, determinaría la historia polaca durante más de un milenio. Con el tiempo, Polonia se convertiría en una nación devotamente católica, lo que no era solamente una convicción religiosa, sino una estrategia de afirmación de identidad nacional.

La situación de Polonia en la encrucijada entre la Europa latina y la bizantina, su geografía y sus repetidas experiencias de invasión, ocupación, resistencia e insurrección, darán lugar a un estilo característico de asumir la historia, llegando a crear la noción, profundamente arraigada, de que el poder espiritual era, con el tiempo, más eficaz en la historia que la fuerza bélica. Un país privado de su autonomía política podía sobrevivir como nación a través de su lengua, su literatura, su música, su religión; en pocas palabras, a través de su cultura. Ésta, y no la política o la economía, eran la fuerza motriz de la historia.

Así se formaría una identidad nacional, y de ese molde saldría la personalidad de los polacos como individuos. No podríamos dejar de identificar esta fuerza histórica como algo presente en la formación de Karol Wojtyla, y en sus posteriores actitudes como Papa.

La pequeña patria

adowise era una antigua población fundada a mediados del siglo XIII y situada junto al río Skawa, en las estribaciones de las montañas Beskides. En 1819 Wadowise se convirtió en el centro de un distrito administrativo de Galizia, y en la sede de un regimiento de las tropas austrohúngaras. A finales del siglo XIX y principios del XX la ciudad adquirió la reputación de gozar de actividad literaria y teatral. Con una población previa a la Segunda Guerra Mundial de unos diez mil habitantes, Wadowise contaba tan sólo con media docena de automóviles. Los carruajes tirados por caballos eran corrientes en la infancia de Karol Wojtyla y los campesinos usaban todavía el traje tradicional. Sin embargo, no se trataba de un páramo rural. Sus intereses culturales tradicionales y el desarrollo de su historia orientaban al pueblo a la vinculación con Cracovia, que era la capital cultural de Polonia, y a Viena, más que a Varsovia. Como casi todos los polacos de Galizia, la gente de Wadowise no albergaba una real antipatía hacia el imperio de los Habsburgo, pero había patriotas polacos que proponían el renacimiento de una Polonia independiente al terminar la Primera Guerra Mundial.

Los habitantes de Wadowise eran modestos hombres de negocios, abogados, granjeros y funcionarios de la administración provincial local. Trabajaban en las fábricas de la ciudad, produciendo galletas y piezas de acero; había además un aserradero, dos fábricas de ladrillos y una en la que se producían fertilizantes a partir de huesos de animales. Después de la caída del imperio austrohúngaro y la recuperación de la autonomía polaca, los barracones austriacos serían ocupados por el XII regimiento de infantería del nuevo ejército polaco, y los oficiales de alto rango, como el padre de Karol, se convertirían en importantes figuras de la ciudad.

Infancia

n este ambiente pasó sus primeros años Karol Wojtyla. La madre, como mediadora, se interponía con tacto entre su marido y sus hijos, a los que el capitán Wojtyla quería educar bajo los cánones militares, tanto por su personal formación, como porque en la Europa de los años veinte se vivía un clima de gran tensión bélica, pues los rencores de la pasada guerra no se habían diluido, por el contrario, día con día se acrecentaban. Para el padre, la educación de los hijos era, principalmente, un asunto de ética y de sentimiento nacionalista en un país que había conservado su identidad a pesar de haber sufrido múltiples dominios, los últimos de los cuales habían concretado en la intervención de los rusos, los prusianos, y finalmente los austriacos. Su bisabuelo, su abuelo y su padre habían sido educados en un espíritu

La educación de Karol no fue represiva en el seno familiar.

vivo de resistencia y sacrificio, que eran los valores que habían mantenido la identidad polaca frente a todas las influencias externas. Tal vez el principal tema educativo del padre era la religión, por un lado basada en la obediencia al dogma y por otro en el respeto a la conciencia interior del hombre.

La educación del pequeño Karol no fue represiva en el seno familiar, y ciertamente tampoco en la formal, aunque no faltaban las mañanas difíciles en las que había que lavarse la cara con agua helada y marchar tiritando por los helados caminos hacia la escuela. Sin embargo, el pequeño nunca se quejaba y su carácter era apacible y alegre. Dividía su tiempo entre la escuela elemental, en la que era considerado un alumno sobresaliente, y las actividades de la parroquia del pueblo, donde encontraba compañía de otros niños, pues su hermano Edmond había ido a estudiar medicina a Cracovia. Frecuentemente, en compañía de su madre, Karol iba a la iglesia de Nuestra Señora y más tarde se convirtió en ayudante de la misa; a pesar de su natural talento intelectual y de su tendencia a la espiritualidad, Karol no era un niño abstraído o melancólico, por el contrario, estaba lleno de vitalidad, era apasionado del futbol y formaba parte de un equipo en el que había elegido ser portero.

Su infancia era perfectamente normal y feliz, pero a los nueve años de edad sufrió uno de los más duros golpes de su vida, la muerte de su madre, a causa de una enfermedad de los riñones. A partir de entonces, Karol se crió en un hogar sin la dulzura de una madre, a pesar del empeño que ponía su padre. El joven Wojtyla se refugió en la religión, y especialmente en el culto a la virgen María. Por la mañana, antes de ir a la escuela, se detenía en la iglesia para rezar. Durante esos tiempos aciagos al padre dejó de trabajar y se consagró al cuidado de su hijo. Él se ocupaba de la casa, le enseñaba los principios de la religión y enfatizaba la importancia de la conciencia recíproca establecida por el concordato de 1925. En una nación en calma, padre e hijo vivieron en íntima armonía, hasta el verano de 1932, cuando murió Edmond, el primogénito, víctima de una severa infección de tifoidea. Él se había contagiado en el hospital, donde empezaba a ejercer la medicina. Karol tenía apenas doce años. Los vecinos cuentan que el pequeño Karol se acercó a su padre y, a pesar de su propio dolor, lo consoló, poniéndole la mano en la espalda y susurrándole con ternura: *Valor, papá, es la voluntad de Dios.*

Con un padre recluido en la melancolía, la casa ya no tenía vida. Refugiado en el mismo silencio, el pequeño seguía ayudando en la misa con fervor. Poco a poco la religión se fue convirtiendo en un recurso mediante el cual lograba esconder ante los demás su dolor y su soledad.

Así fue como Karol Wojtyla vivió sus años de educación básica y media en su pueblo natal. Sus profesores lo describían como un adolescente más bien enigmático, pero buen compañero y excelente alumno. Le apasionaban todas las materias, pero principalmente la filosofía, además de que tenía un buen trato con sus profesores. En algún momento decidió entrar en el grupo de teatro del profesor Kotlarczyk. Este profesor influyó mucho en él. Durante esos años de trabajo teatral, Karol aprendió a vivir en comunidad, a dominar las emociones y a superarse a sí mismo. Con las enseñanzas de Kotlarczyk aprendió a modular la voz, a comentar un texto y a comprender la génesis de los acontecimientos que dramáticamente confrontarían a su generación.

Primera juventud

esde 1928, al ofrecerse un número cada vez mayor de diputados al Partido Nacional Socialista, Alemania perdía poco a poco la razón. Karol tenía trece años cuando la senilidad trastornada del mariscal von Hindenburg, y la ceguera voluntaria de Europa Occidental, permitieron que Adolfo Hitler se convirtiera en canciller de Alemania. Poco después, el viento del antisemitismo sopló en Europa y avivó los fuegos del odio. Pero en el hogar de los Wojtyla se vivía según la fe evangélica. A los que se asombraban de ver que Karol compartía sus momentos de recogimiento en la iglesia de Nuestra Señora, con su amigo Jurel Kruger, quien era hijo del presidente de la comunidad judía, el joven feligrés les respondía con la mayor naturalidad que "todos somos hijos de Dios". Karol y Jurel se volvieron amigos inseparables, y el padre de Karol fomentaba esa amistad, pues entendía la radical soledad de su hijo. En esos tiempos mejoró el talante del capitán Wojtyla y llevaba a los dos niños a conocer los sitios históricos más interesantes de Polonia, lo que servía para que él mismo pudiese reducir su melancolía. Al despuntar el año 1936, el padre se mostraba complacido por la amistad de su hijo con una adorable adolescente, también judía, cuyo nombre era Ginka, por quien Karol mostraba un gran afecto; siendo dos años mayor que él, es posible que la muchacha despertara el recuerdo de su hermana mayor, cuya memoria había sido un rito familiar durante su primera infancia. Esta amistad se reforzó cuando se intensificó la hostilidad en contra de los judíos en Polonia. El liceo Marcin-Vadovius estaba dividido. Karol tomó la palabra para señalar delante de sus

Karol, desde muy joven, expresó su postura en contra del antisemitismo.

compañeros que el antisemitismo era contrario a la caridad cristiana; pero su voz no tuvo efecto contra la creciente propaganda antisemita que infestaba incluso los círculos católicos. Ante estas circunstancias, Ginka y su familia prefirieron emigrar a Palestina; Karol le escribió una carta de despedida en la que citaba al poeta Adam Mickiewicz: *Estima y ayuda al judío, nuestro más antiguo hermano, en su camino por la dicha eterna.*

Al terminar su educación media, siguió los cursos de filosofía y teología en la universidad de Cracovia. En septiembre de 1938, padre e hijo se instalaron en una pequeña casa en la calle Tyniecka, en pleno barrio italiano de Cracovia. Era éste el momento de mayor efervescencia política en Polonia y era el sentir general que vendrían tiempos difíciles, pues para nadie era un secreto que los alemanes tenían intenciones de invadir Polonia para anexarla al Reich, y con ello extender su área de influencia.

La vida en Cracovia resultaba difícil para el padre y el hijo, pues vivían precariamente con la pensión del capitán Wojtyla. Karol ganaba un poco de dinero calentando el perol de la comida de los obreros que trabajaban en la construcción; pero también se daba tiempo para la vida social e intelectual. Luego de conocer al poeta Juliusz Kydrynski, participó en la creación del teatro Studio, donde representó algunos papeles. Su personalidad impresionó tanto al gran Nijinski, que decidió darle un papel en una comedia musical. Pero el actor no olvidaba su vocación religiosa, y seguía ayudando en la misa, en la catedral del Wawel. Fue precisamente durante el oficio del viernes primero de septiembre de 1939, cuando Karol escuchó el aterrador eco de las botas nazis que hundirían a Polonia en una noche oscura, de la que despertaría con dificultad cincuenta años más tarde.

Mientras la *Lüftwwaffe* volcaba sobre el cielo polaco sus artilugios de muerte, el joven Karol, por órdenes del padre Figlewicz, siguió ayudando en el oficio. Una vez terminada la misa, Karol corrió por todo Cracovia y llegó a su domicilio casi sin aliento. Se escuchaban sus pasos a pesar del estruendo de las bombas y de los gritos de aquellos que caían para no levantarse más. Terriblemente inquieto, su padre lo esperaba en la calle Tyniecka, con un pobre equipaje hecho de prisa; los Wojtyla, padre e hijo, se lanzaron al éxodo. Iban hacia el Este. Avanzaron con dificultad durante horas, junto con miles de refugiados. La noche empezaba a disimular la humillación de todo un pueblo, obligado a esconderse en zanjas para sortear el peligro de las balas que repartían la muerte en un absurdo azar.

Luego de una caminata extenuante de casi 200 kilómetros, el convoy fue detenido. Los rusos habían declarado la guerra a Polonia y ya habían ocupado la ciudad de Rzeszów. Karol y su padre reflexionaron frente a esa situación; evidentemente los rusos tenían una especial aversión por la gente religiosa: la destrucción de la iglesia ortodoxa del Santo Salvador, en Moscú, ordenada por el jefe del Kremlin en 1923, estaba tan viva en sus memorias que consideraron prudente huir de los rusos, prefiriendo emprender el camino de regreso a pesar de todos los peligros. La fatiga del camino era mayor para el capitán Wojtyla, ya mayor, por lo que su hijo tenía que auxiliarlo constantemente. En esa noche dramática, cada ruido representaba un peligro y los llenaba de miedo. Al regresar a Cracovia, pudieron observar el horrible espectáculo de una ciudad en ruinas que se envolvían en el humo de los edificios todavía en llamas. El 6 de septiembre, las tropas alemanas ya controlaban la ciudad. Dos semanas más tarde, una Varsovia extenuada entregaba las armas. En treinta días, Polonia había perdido veinte años de independencia, mismos que había tardado dos siglos en lograr. Ahora tenía que hacer frente a dos tiranos: Stalin se anexaba la parte Oriental, y Hitler se ocupaba del resto.

Hitler había confiado el mando de las "provincias polacas" al general Hans Franck, quien era un resentido nacionalista polaco, quien se convirtió en el nuevo amo de Polonia bajo la sombra del nazismo. A partir del otoño de 1939, el nuevo gobierno comenzó su política represiva: antes que cualquier otra cosa, se clausuraron las universidades, se cerraron las sinagogas y otros centros de culto judío, comenzando las deportaciones masivas. El nuevo dictador llegó al extremo de izar la bandera con la cruz gamada sobre la catedral de Wawel. La destrucción de la identidad polaca era un asunto planeado y que se quería realizar a paso acelerado, de una manera sistemática y racional. Hitler, precursor de una idea muy personal de la mundialización de la economía, había decidido que Polonia se convirtiera en el reservorio de empleos bien pagados de los industriales alemanes, por lo que desde el momento de la ocupación, los polacos dejaron de ser personas, para convertirse en "mano de obra", los únicos que importaban eran los obreros y campesinos, pues ellos significaban producción. Los estudiantes, intelectuales, sacerdotes y burgueses eran innecesarios para el Reich, por lo que desde los primeros tiempos fueron hostilizados. Además de la atroz persecución de los judíos, se desplegó una campaña de represión contra la intelectualidad polaca, con la justificada sospecha de que ellos habrían de mantener un espíritu nacionalista.

Los campos de concentración se construyeron con gran rapidez. Muy pronto, en el cielo de Polonia se elevó el humo negro de los hornos crematorios de los campos de Treblinka, de Auschwitz y de Majdanek. Para escapar de las persecuciones, Karol Wojtyla no tuvo más remedio que enlistarse como trabajador manual. La medida de sus hombros y las características de su mentón le permitieron adquirir la famosa *Arbeitskarte* (carta de trabajo), que era un documento que permitía enrolarse como trabajador, pero al mismo tiempo era como un salvoconducto para evitar la deportación, pues esta carta no se daba a personas indeseables para el régimen, tanto por ideología como por el hecho simple de ser judío. Así que, a los veinte años de edad, Karol entró a la cantera de Zarzowek, perteneciente al grupo químico Solvay, situado en las cercanías de su barrio. La empresa era dirigida por un polaco, pero era supervisada por el ejército de ocupación. En ocasiones, a temperaturas extremas, como menos treinta grados, Karol manipulaba el mazo y cargaba vagones; a menudo tenían que jalarlos a mano, pues los rieles se congelaban. Con los dedos entumidos, los pies insensibles, el seño fruncido y reprimiendo la angustia al observar las atrocidades que cometían los nazis en su país, se pasó una larga temporada, hasta que tuvo noticias de la resistencia polaca que actuaba en la clandestinidad.

Cada tarde, se encontraba con su padre, al que tenía que cuidar y alimentar, pues el dolor de la ocupación había mermado sus fuerzas. Karol era prácticamente esclavo durante el día, pero en las noches se liberaba por medio del estudio y la oración. En lo más profundo de la noche del 18 de febrero de 1941, rezó más intensamente que de costumbre. Ese día regresaba por la tarde, después de una jornada de humillación, igual que la mayoría de los habitantes de Cracovia, pero ese día fue especialmente doloroso para él, pues al llegar a su casa encontró a su padre sin vida. Sin ayuda de nadie, Karol preparó a su padre, se arrodilló cerca de la mortaja y se sumergió profundamente en la oración. Mientras una pálida mañana sucedía a esa noche de inmensa soledad, Karol decidió entrar de lleno en el servicio religioso.

A partir de ese día, la vida de Karol Wojtyla tomó otra vía. Obrero de día, se deshacía de sus cadenas por la noche con su amigo poeta Juliuz Kydrynski, desafiando el peligro de la deportación, los dos cómplices organizaban lecturas de textos de San Juan de la Cruz e improvisaban escenas de las obras de Adam Mickiewicz. A imagen de esos extraordinarios republicanos españoles quienes, a falta de armas, iban al combate recitando poemas sobre la libertad, así Karol daba representaciones públicas, a riesgo de ser denunciado; mientras que otros se armaban, la resistencia de Karol Wojtyla tomaba otro camino. Con su espíritu eslavo impregnado de romanticismo, enfrentaba la noche del absurdo con la luz de su fe. Fe en su patria, fe en la luz de las palabras del espíritu frente a las órdenes bárbaras; fe en el hombre mientras frente a esos que habían renunciado a serlo; fe en su creencia inmutable, frente a una ideología que no podía concebir las profundas necesidades del alma humana.

Un afortunado día se encontró por azar a su antiguo profesor M. Kotlarczyk quien inmediatamente volvió a formar un grupo con los muchachos apasionados por el teatro de Wadowise. Siendo a la vez autor y actor, Karol Wojtyla, inspirado en la Biblia, se lanzó a la escritura, participando en un periódico de corte literario que estaba prohibido por el gobierno de ocupación. Él asumía las funciones de redactor y diariamente, al dejar el trabajo en la cantera, se dirigía a las ocultas oficinas del periódico. En una Polonia de sangre y fuego, esos jóvenes arriesgaban sus vidas por la publicación de algunas páginas de poesía; pero los nazis no querían, o no podían comprender que el espíritu siguiera floreciendo en un pueblo que consideraban inferior. A las palabras no las pueden matar las balas; sin embargo, el nombre de Wojtyla llegó a figurar entonces en la lista de los terroristas peligrosos y fue buscado activamente, pero Karol había decidido que, pasara lo que pasara, él se sacrificaría hasta el martirio. Tanto la poesía como la fe religiosa tenían que convertirse en algo vivo y actuante. Fue así como participó en una peregrinación a Jasna Gora donde, clandestinamente, se inclinó ante el santuario de la Virgen Negra, considerada la madre de Polonia. Desde hacía cuatro años llevaba una doble vida. Sojuzgado de día, de noche se elevaba sin sacrificar nada de su aprendizaje religioso, hasta ese domingo negro, en el que la gracia divina vino en su ayuda.

Ante la constante presión de los jerarcas nazis, el débil gobierno de Hans Franck se encontraba inmerso en la terrible política de "solución final" que habían implementado los nazis en todos los territorios ocupados. En Berlín, el Führer se manifestaba profundamente contrariado por los escasos resultados del gobierno polaco, por lo que Hans Franck decidió que el primer domingo de abril de 1944 se llevaría un operativo de gran alcance, con objeto de localizar y eliminar a los disidentes.

El amanecer de ese día comenzó con ráfagas de ametralladoras; a los ejecutores del Reich les gustaba sorprender a sus víctimas en la cama; Cracovia se convirtió rápidamente en un infierno, y en algún momento, las botas de los SS se detuvieron frente al número 10 de la calle Tynieck... Mientras que las culatas de los rifles rompían la puerta, Karol Wojtyla eligió abstraerse del mundo. Se tendió en el suelo con los brazos en cruz y dedicó sus oraciones a la Virgen María. Tal vez se obró un milagro ese día, pero el resultado fue que los soldados simplemente no percibieron su presencia. Cuando el silencio se hizo de nuevo, Karol dio gracias a Dios: "por Cristo y por la Virgen, mi madre", y se comprometió con la religión de por vida. Sin más, cerró las puertas de su casa y, se fue a la iglesia.

El arzobispo Sapieha recibió a Karol con satisfacción, pues ya lo conocía de tiempo atrás y entendió que no se había equivocado en su apreciación de aquel joven, habiendo descubierto en él, además de talento, una verdadera fibra religiosa.

Adam Sapieha provenía de una familia aristocrática, por lo que, afectuosamente, era llamado "el Príncipe". Se había ordenado arzobispo en Cracovia, en 1925, y no se adaptaba a las circunstancias de la ocupación, además de que era muy respetado, incluso por el gobierno entregado a los nazis. Fue por esta influencia que logró que se tachara el nombre de Wojtyla de las listas de trabajadores de la fábrica Solvay, con el fin de que su nuevo seminarista no fuera considerado un desertor, por lo que hubiera podido ser detenido y deportado, lo que, en esos momentos, significaba la muerte. Preocupado por la seguridad de la Iglesia en el futuro, Sapieha escondía a muchos jóvenes en las cavas del arzobispado.

Una nueva vida comunitaria comenzaba para Karol, y esta manera de vivir su religiosidad le resultaba profundamente satisfactoria, pues le recordaba a los primeros cristianos, ocultos en las catacumbas. Mientras que los seminaristas completaban su formación en la penumbra, monseñor Sapieha se mostraba inflexible en relación con sus votos. A los 78 años, el arzobispo expedía a los judíos certificados de bautismo y creaba mecanismos para salvar a los niños. Él fue un verdadero modelo para Karol Wojtyla, además de que era una figura legendaria para Polonia; un día, le dijo al propio Hans Franck: *Incluso su Führer fue bautizado, y créame, muy pronto tendrá necesidad de la fe.* Y de manera profética agregó: *En el crepúsculo de su vida incluso él, a pesar de lo negro de su alma, tendrá el último gesto de humanidad.* De hecho, en el secreto de su "búnker" de Bavaria, antes de quitarse la vida, se casó con la que había sido su amante: Eva Braun.

El 13 de enero, junto con el gran desembarco en Normandía, Stalin lanzó su mayor ofensiva contra el ejército alemán estacionado en Polonia. Hitler y Stalin, aliados en el pasado, iniciaban una nueva batalla, en la cual resultaba difícil saber quién era el más cruel. Cuando al fin las armas guardaron silencio, el saldo negro para la patria de Karol

Wojtyla era de más de seis millones de muertos. Fue entonces que se dio a la luz el horror de los campos de concentración nazis. Cuando se abrieron las puertas de Treblinka, de Sobibor o de Auschwitz, se supo de lo que es capaz el ser humano cuando es dominado por su propia malignidad.

Por todos lados se veía a los sobrevivientes, embriagados con la libertad reencontrada. Mientras los vencedores pensaban en el mundo de la posguerra, se daban a conocer tanto el suicidio de Hitler como las explosiones de bombas atómicas en Hiroshima y Nagasaki.

Karol Wojtyla, entonces, dio la espalda definitivamente a esa época marcada por el instinto de muerte y se ocupó plenamente de la vida, pues había abrazado su verdadera vocación.

En Auschwitz,
cuarenta años después

Paralizado por la angustia, el prisionero se desplomó de rodillas frente a sus verdugos. Imploraba la piedad del comandante del campo, quien, como represalia por una fuga, había elegido a diez desventurados del bloque 14. Entonces, un hombre salió de las filas y exigió tomar el lugar del camarada que ahí se había desplomado. El oficial nazi le preguntó que quién era él para sacrificarse de esa manera. El hombre respondió simplemente: "sacerdote católico". Ese acto le costó que fuese encerrado con sus compañeros de desgracia en el "búnker del hambre", sin agua y sin comida. Su agonía duró dieciséis días; el 14 de agosto de 1941, el alma del padre Maximilian María Kolbe escapó a sus verdugos. El 7 de junio de 1979, el Papa Juan Pablo II caminaba, a su vez, por las veredas de Auschwitz. Se detuvo frente al búnker del hambre, respiró profundamente y entró solo en la pieza débilmente iluminada por un tragaluz en lo alto del techo. Juan Pablo II es el primer Papa de la historia que ha visitado un campo de la muerte; ahí se arrodilló sobre el piso de cemento, ese piso que en otro tiempo recibió el último aliento de su compatriota y de otros condenados. Depositó un ramo de claveles rojos en el piso y rezó en memoria de todos aquellos desdichados.

Esta visita tendría una gran significación filosófica y política, adecuada a la investidura del Sumo Pontífice; pero para Karol Wojtyla, el hombre, el sacrificio del padre Kolbe, plenamente conocido por él desde 1945, había sido su ideal desde antes de ordenarse sacerdote, pues representaba el paradigma de un hombre que vive su vocación como una auténtica entrega al servicio. Era éste un ideal que se inculcaba en el seminario de Cracovia, a través de la letanía de "Nuestro señor Jesucristo, sacerdote y víctima", un elemento fundamental de la concepción de la piedad que se tenía en el seminario, basado en la *Epístola a los hebreos*, del Nuevo Testamento. La letanía de Cracovia, que incluye ocho evocaciones a Jesucristo como víctima de un sacrificio redentor, daba a entender a los seminaristas que el estar abocado a la muerte, como una ofrenda a la vida, era algo implícito en cualquier vocación cristiana. La idea de la ofrenda de sí mismo surgiría una y otra vez en el trabajo de Karol Wojtyla, y se convertiría en uno de los conceptos cruciales de su filosofía del ser humano y del medio moral.

Afuera de la celda, a pesar del tiempo primaveral que hacía en Polonia y de que los campos se encontraban salpicados de flores, los que acompañaban al Papa sentían una especie de frío interno. Incluso los emisarios del gobierno y los tres ministros se mantuvieron cerca de los cardenales, que venían de Varsovia. Polonia hacía el gesto de la unidad nacional; comunistas y católicos, que habían mantenido un distanciamiento hostil desde fines de la Segunda Guerra Mundial, ahora pretendían olvidar sus diferencias, para unirse y estrecharse. Todos sentían que ese gesto del Obispo de Roma era algo más que un símbolo, mismo que intentó fortificarse en los años que siguieron. En aquella ocasión y en aquella celda donde un sacerdote, como él, había vivido el martirio, el ahora Vicario de Cristo rendía homenaje a los hombres sencillos que habían padecido el embate de la inhumanidad y que ahora se convertían en la señal de la dirección contraria, de la búsqueda del entendimiento, la tolerancia y la compasión entre los representantes de ideologías que, siendo contrarias, no necesariamente eran antagónicas. De esta manera, Karol Wojtyla daba una nueva dimensión a la fe que tenía en lo humano, y mientras

tocaba la tierra con sus labios, condenaba todos los holo-
caustos.

Por fin, el Papa salió del campo, cruzando significati-
vas miradas con Stanislas Kania, ideólogo del Partido Comunista Polaco y responsable de las relaciones con la Iglesia;
los dos hombres tenían los ojos enrojecidos por la emoción.
En Varsovia, en el Ministerio de la Defensa, apostado frente a la televisión, el dirigente máximo, Wojciech Jaruzelsky
también se dio cuenta de que tenía algo en común con Karol Wojtyla.

Doscientos sacerdotes que habían sobrevivido al horror
de Auschwitz esperaban al Papa; estaban en el lugar mismo donde se habían detenido los convoyes de la muerte. A
lo largo de las vías, con un trozo de madera, se había levan-
tado un austero altar; sobre él se erguía una cruz con una
corona trenzada con alambre de púas. Una tela de rayas
blanco y gris colgaba tristemente, y en ella había un número, el 16670, correspondiente al padre Kolbe. Durante largo
rato, Juan Pablo II habló con un grupo de mujeres, sobrevivientes del campo de Ravensbrück. Luego, subió al altar. A
las cuatro en punto de la tarde dio comienzo la misa.

Juan Pablo II se dirigió a los sacerdotes que celebraban
la misa junto con él diciéndoles: *El hábito de ustedes es un
hábito de sangre.* El silencio era inmenso, la emoción aumen-
tó cuando pronunció su homilía: *A menudo he bajado a la
celda del condenado a muerte Maximilian Kolbe. Me he detenido
frente al muro de exterminio y me he abierto paso entre los vesti-
gios de los hornos crematorios de Birkenau. En tanto Papa, no
tenía otra elección que la de venir aquí. Ahora que soy el sucesor
de Pedro, Cristo quiere que yo testimonie, frente al mundo entero,
lo que hace la grandeza y la miseria extrema de la humanidad en
nuestro tiempo. He venido para testimoniar la derrota del hombre
y su victoria.*

El Santo Padre inició la revista de todas las lenguas de
las víctimas de Auschwitz: polaco, inglés, búlgaro, cínga-
ro, checo, danés, francés, hebreo, yidish, español, holandés,

serbo-croata, alemán, noruego, rumano y húngaro. El mensaje era claro, Juan Pablo II no olvidaba a ninguna comunidad. Recordando el sacrificio del padre Kolbe, citó su primera encíclica de Papa, titulada *Redemptor Hominis* (El Redentor del Hombre), publicada tres meses antes. Por primera vez, un sucesor de Pedro aludía a los hombres y a las mujeres de todas las religiones y de todas las condiciones sociales.

Los especialistas habían señalado que Juan Pablo II magnificaba al individuo, imponiendo que se respetara la dignidad y la grandeza del ser humano como tal, desdeñando toda ideologización de la persona humana. Mientras que el sol comenzaba a ponerse detrás de las siniestras barracas, sus palabras se hicieron todavía más claras: *¿Basta con vestir a un hombre con un uniforme diferente? ¿Basta con armarlo con los instrumentos de la violencia? ¿Basta imponerle una ideología en la cual los derechos del hombre están sujetos a las exigencias de un sistema, tan sujetos que dejan de existir en la práctica?* Su voz, teñida de emoción, se delineaba sobre el cielo de Auschwitz, dejando ver una cólera que la asistencia, hasta ese momento silenciosa y recogida, apoyaba con aplausos que resonaban entre las sórdidas barracas. Los comentaristas de la televisión del Estado polaco y numerosos periodistas extranjeros observaron el largo momento de silencio. En las estaciones de radio se escuchaba también el mensaje y mucha gente en Polonia no podía contener los sollozos. Por segunda vez en treinta años, Auschwitz había sido liberado del odio del hombre. En ese instante nadie podía dudar de la sinceridad del Papa, sobre todo cuando comenzó a evocar las diferentes estelas levantadas en memoria de las víctimas:

En particular, quiero detenerme con ustedes frente a la inscripción en hebreo. Esta inscripción despierta el recuerdo del pueblo cuyos hijos e hijas estaban destinados al exterminio total. Este pueblo tiene sus orígenes en Abraham, nuestro padre en la fe. Este mismo pueblo que recibió de Dios el mandamiento "no matarás", vivió en carne propia y de forma excepcional lo que significa matar. Es inadmisible que alguien pueda pasar indiferente frente a esta inscripción.

Luego rindió homenaje, entre otros, a Edith Stein, una estudiante judía quien, convertida al catolicismo, se hizo religiosa y a quien los nazis no respetaron la conversión, asesinándola en Auschwitz. Este señalamiento fue motivo para que más tarde se acusara a Juan Pablo II de "hacer una anexión cristiana del holocausto", diciendo que el Papa reducía a Auschwitz a la desdicha de un judío converso. Se hablaba del antisemitismo secular de la Iglesia Polaca, olvidando que muchos sacerdotes habían pagado con sus vidas la protección que habían brindado a perseguidos judíos. Se pensó que Roma quería lavar las posturas ambiguas de Pío XII durante la guerra, apropiándose del lugar que era símbolo del martirio del pueblo judío. Se volvió a hablar de la huida de los dirigentes nazis hacia países de Sudamérica, con ayuda del Vaticano.

En realidad, el Papa iba más allá del simbolismo que comúnmente se atribuía a ese campo de exterminio. Vivía en carne propia la necesidad de que cada hombre pudiera expresar sus diferencias en ese cementerio de la conciencia humana. Para que el olvido no reinara en las generaciones venideras, quería que Auschwitz se convirtiera en el símbolo mundial de la reflexión y del perdón, pues en ese lugar se sacraliza el resultado de una inmemorial y atroz persecución del pueblo judío, de la que, ciertamente, la Iglesia católica no era del todo inocente, de ahí se deriva la importancia de la visita de Karol Wojtyla y su postración delante de los muros de Auschwitz, pues representa, en términos simbólicos, una histórica petición de perdón hacía el pueblo judío y la humanidad entera; más tarde, el Papa haría más explícito este mensaje. "No se puede ser cristiano y rechazar al otro", fue siempre uno de los grandes mensajes de Juan Pablo II; desde ese momento, él habría de guiar su Iglesia hacia el arrepentimiento por las acciones, la complicidad o el silencio ante el mal que se produjo en su seno durante la historia, creando una nueva disposición católica de apertura y respeto a quienes piensan de manera distinta.

El Papa vivía en carne propia la necesidad de que todos expresaran sus diferencias en el cementerio de la conciencia humana.

La ocupación soviética en Polonia

l tiempo que el primer frente ucraniano del Ejército Rojo se dirigía hacia el Oeste, la ocupación nazi se disponía a abandonar Cracovia. Se colocaron cargas explosivas, y en la noche del 17 al 18 de enero de 1945, los alemanes dejaron la ciudad. Los jóvenes seminaristas, tras sobrevivir a la ocupación imaginaban que se avecinaba una vuelta a la normalidad en una Polonia libre e independiente; pero muy pronto se desengañarían, pues Polonia estaba a punto de caer ante otro poder totalitario.

Al gobierno polaco en el exilio en Londres se le negó una participación significativa a la hora de forjar el futuro del país. En julio de 1944 el Comité Polaco para la Liberación Nacional, controlado por Moscú y conocido en Occidente como el "Comité Lublin", firmó un acuerdo con la Unión Soviética en la que le permitía el control absoluto sobre lo que se consideraba la retaguardia del Ejército Rojo que avanzaba, lo que dio lugar, de hecho, a una ocupación que perduró mucho más allá del término de la guerra.

Los nuevos gobernantes trajeron consigo una historia accidentada. El Partido Comunista de Polonia había supuesto una vergüenza política y una preocupación ideológica para Moscú, cuya incapacidad de progresar políticamente se veía exacerbada por su tendencia a las desviaciones ideológicas. En 1938, durante su propia gran purga en la Unión Soviética, Stalin liquidó a unos cinco mil miembros del Partido Comunista Polaco. Sin embargo, tras la invasión alemana de la URSS, en junio de 1941, Stalin advirtió que una Polonia resucitada bajo auspicios comunistas se adaptaría bien a sus propósitos, por lo que se creó el Partido Obrero

Polaco. Wladyslaw Gomulka, quien había escapado de la purga de Stalin por haber sido encarcelado por su propio gobierno, fue nombrado Secretario General. Aunque comunista de la línea dura de pies a cabeza, Gomulka era también, a su modo, un patriota polaco inquieto por el impacto del imperialismo soviético, por lo que, en 1948, se le hizo dimitir en favor de Boleslaw Bierut, un estalinista recalcitrante. A mediados de 1948, la Polonia reconstruida estaba por completo inmersa en el imperio soviético; su ministro de Defensa, un oficial veterano del Ejército Rojo, estaba resuelto a proteger el puente terrestre que la unía a la zona de Alemania ocupada por los soviéticos. La nueva Polonia, supuesta expresión de una ideología que nunca había obtenido el mínimo apoyo entre su gente, y un Estado cuya razón de ser era la seguridad de la Unión Soviética, era sin duda una creación del Ejercito Rojo y de una política occidental permisiva; así, pues, la "liberación" de Polonia en 1945, no era más que un eufemismo.

De cualquier manera, la vida en Polonia se fue acercando gradualmente a una cierta normalidad, y el seminario de Cracovia reabrió sus puertas, así como la Universidad Jagelloniana, donde Karol Wojtyla completó su tercer curso de estudios teológicos. Durante ese periodo fue elegido vicepresidente de la sociedad de Ayuda Fraternal a los Estudiantes de la universidad, una organización que contribuía a distribuir la ayuda occidental al empobrecido cuerpo de estudiantes. Su compromiso personal en vivir en pobreza seguía causando impresión en sus compañeros del seminario.

Tras pasar unas vacaciones estivales en las afueras de Cracovia, en la parroquia de Raciborowice, Karol inició su cuarto y último curso de teología en 1945, mientras trabajaba de ayudante en cursos de teología para universitarios. Entre sus profesores se encontraba el eminente teólogo Ignacy Rózycki, quien advirtió que su alumno incluía una pequeña inscripción — "A Jesús por María", o "Jesús,

María y José" — en la parte superior de las páginas de los trabajos que entregaba. Se trataba de una costumbre que Karol había adquirido desde adolescente y que conservaría durante toda su vida de escritor. Por aquellos tiempos, Karol manifestaba un profundo interés por San Juan de la Cruz, e incluso estudiaba español por su cuenta, con objeto de leer al gran místico en su lengua original. Inclinado por la vida contemplativa, se preguntaba si debía ingresar en el monasterio de los carmelitas descalzos de Czerna. En 1945 le planteó la cuestión al arzobispo Sapieha, quien le recomendó esperar a que madurase su intuición; al respecto más tarde comentaría Juan Pablo II que pese a su gran interés en San Juan de la Cruz, "no creo que tuviera una gran vocación hacia los carmelitas".

Una vocación definitiva

A finales de junio de 1946, Karol Wojtyla superó exámenes de Escrituras, teología dogmática, teología moral, derecho canónico y catequesis, con lo que se completaban los cursos para la ordenación.

El mes de octubre de 1946 fue de intensa preparación para la ordenación sacerdotal. Tras unos ejercicios espirituales de seis días, Wojtyla fue ordenado subdiácono, y una semana después, tras unos ejercicios de tres días realizados en privado, fue ordenado diácono. Entonces llevó a cabo otro retiro de seis días como preparación para su ordenación como sacerdote, misma que fue fijada para el 1 de noviembre de 1946. Ese día, Karol Wojtyla, el único candidato para la ordenación, se dirigió en procesión a la capilla privada de la residencia episcopal. El ahora cardenal Sapieha había dejado ya una huella indeleble en Karol a través de su ejemplo, y ahora dejaría una huella espiritual por medio de la ordenación.

Tras la primera lectura de la Biblia, el cardenal Sapieha tomó asiento en un solio frente al altar, Karol se arrodilló ante él, ataviado con amito, alba, cíngulo, estola y manípulo. Una casulla doblada descansaba sobre su brazo izquierdo y sostenía un cirio blanco encendido en la mano derecha. Después de que las autoridades del seminario testificaran formalmente que era merecedor de las Órdenes sagradas, fue el cardenal quien se dirigió a Karol, ordenándole que fuera "perfecto en la fe y en la acción... bien cimentado en la virtud y el amor a Dios y al prójimo". Karol, entonces, se tendió en el piso, con los brazos extendidos formando una cruz, mientras se entonaba la Letanía de los Santos, en la que la Iglesia en la Tierra pide a la Iglesia en el Cielo que acuda en ayuda al hombre que está a punto de ser ordenado sacerdote. Al final de la letanía, Karol se incorporó para arrodillarse ante el cardenal Sapieha, quien permaneció en pie y en silencio, e impuso sus manos sobre la cabeza de Karol, en el acto central del rito de ordenación. Tras pedir que descendiera sobre el ordenado el poder del Espíritu Santo, el cardenal volvió a sentarse, asió la parte de la estola que pendía tras el hombro izquierdo de Karol, la colocó sobre su propio hombro derecho y se la cruzó sobre el pecho, al tiempo que decía: "Asume tú el yugo del Señor, pues su yugo es suave y su carga ligera." El cardenal investió a Karol con la casulla, la vestimenta exterior del sacerdote que celebra misa, diciéndole: "Acepta la vestimenta sacerdotal por medio de la cual se expresa la caridad, pues Dios es bien capaz de concederte un aumento de caridad y sus perfectas obras."

Tras el antiguo himno eclesiástico al Espíritu Santo *Veni Creator Spiritus*, el cardenal tomó asiento en el solio y Karol se arrodilló ante él para la unción sacerdotal. El cardenal ungió la palma de sus manos diciendo: "Complácete, oh Señor, en consagrar y santificar estas manos por obra de esta unción y de nuestra bendición". El cardenal unió luego las manos de Karol y uno de los sacerdotes asistentes las ató con un paño blanco. Sapieha cogió un cáliz que contenía vino y agua y una patena con una ostia. Mientras Karol mantenía las manos atadas ante sí, el cardenal colocó el cáliz y la patena que lo cubría entre sus dedos, de modo que tocasen ambos recipientes, y rezó: "Recibe el poder de ofrecer el sacrificio de Dios y de celebrar misa, tanto para los vivos como para los muertos, en el nombre del Señor." Así quedó habilitado para ejercer el sacerdocio en su amplia connotación. Al día siguiente debía celebrar su primera misa, pero como el 2 de noviembre es el día en que la Iglesia católica celebra a los "fieles difuntos", el ahora padre Karol Wojtyla tuvo mucho trabajo, pues ofició no sólo una, sino tres "primeras misas".

En Roma

A instancias del cardenal Sapieha, Wojtyla y Starowieyski, también sacerdote, dejaron Cracovia el
15 de noviembre, para viajar a Roma, donde habrían de continuar su preparación, en vista de obtener un doctorado.
Era la primera vez que Karol salía de Polonia. Llegaron a
Roma a finales de noviembre y se instalaron en el Colegio Belga, donde habrían de realizar sus estudios. El colegio
era pequeño, con veintidós alumnos sacerdotes y seminaristas, que hablaban diversos idiomas, lo que permitió a
Karol practicar su inglés, francés y alemán, además del dominio del italiano, que era la lengua oficial del Colegio.

Durante el verano de 1947, Starowieyski y Wojtyla via-
jaron por Europa con fondos provistos por el cardenal Sapieha; conocieron a sacerdotes obreros en París y discutieron
con ellos acerca de la tendencia francesa de involucrar a los
sacerdotes con el proletariado; ésta sería una experiencia
particularmente interesante para Wojtyla, y le daría pie para
su primer artículo académico. Más tarde, los viajeros para-
ron diez días en Holanda, admirando "la sólida organización de la Iglesia... con estructuras activas y comunidades
vivas". Sin embargo, la mayor parte de las vacaciones las
pasaron en Bélgica, donde Wojtyla estuvo al frente de la
misión católica polaca entre los mineros de la zona de Char-
leroi. Además de decir misas, escuchar confesiones y diri-
gir clases de catequesis, visitaron las minas y a las familias
de los mineros, entrando en comunicación íntima con ellos,
para entender una tragedia de vida que llevaba siglos en
esa región.

De vuelta en Roma, la primera tarea del padre Wojtyla fue la redacción de su tesis doctoral. Había pasado un examen de licenciatura en teología en julio de 1947, con el sorprendente resultado de cuarenta puntos sobre cuarenta.

Wojtyla preparó su doctorado durante una época de considerable agitación en los círculos intelectuales católicos. En muchos seminarios europeos y escuelas de posgrado se realizaban esfuerzos por establecer un diálogo entre la filosofía y la teología clásicas de la iglesia, con fundamento en Santo Tomás de Aquino y las corrientes modernas de pensamiento. Por el contrario, el colegio dirigido por los dominicos donde estudiaba Wojtyla había asumido la posición de una rigurosa neoescolástica, una forma de tomismo que se había desarrollado desde mediados del siglo XIX, como una alternativa de los métodos filosóficos modernos. En el colegio se procuraba el dominio de la teología clásica, con objeto de que cualquier innovación tuviese una base sólida.

El padre Garrigou-Lagrange, director del colegio, era un estricto tradicionalista en su filosofía y su teología dogmática, pero también mostraba sumo interés en la tradición mística, y especialmente en San Juan de la Cruz. Profundamente preocupado por la situación de la Iglesia en la posguerra, buscaba desarrollar una nueva propuesta espiritual, lo que lo inclinaba a un cierto reformismo. En esta tesitura, el padre Garrigou-Lagrange se convirtió en director de la tesis doctoral de Karol Wojtyla, quien, siguiendo sus propias inclinaciones, ya comentadas en este libro, examinaba a fondo la mística de San Juan de la Cruz.

El título de la obra de Wojtyla fue *Doctrina de fide apud S. Ioannem a Cruce* (La doctrina de la fe según San Juan de la Cruz), y en esta tesis ponía énfasis en la naturaleza personal del encuentro humano con Dios, en el que los creyentes trascienden de tal modo los límites de su existencia como criaturas, que se tornan auténticos ante ellos mismos. Este encuentro con el Dios viviente no está reservado sólo a los místicos, es el centro de toda vida cristiana. La experiencia mística revela cosas importantes acerca del camino hacia Dios y de la naturaleza de nuestra comunión con Dios. Se maneja la idea de que la mayor sabiduría que podemos alcanzar es la de saber que no podemos dar una envoltura objetiva a nuestro conocimiento de Dios, pues nunca llegaremos a conocerlo por medios sensitivos o racionales, sino que entramos en comunicación con Dios de la manera como lo hacemos con otra persona, a través de la entrega mutua. Como dos personas que se aman llegan a vivir dentro una de la otra sin perder su identidad particular. Dios llega a vivir en nuestro interior y, en cierto sentido, nosotros también habitamos en el seno de Dios, sin que la diferencia entre creador y criatura se haya perdido. Así, Wojtyla interpreta la enseñanza mística de San Juan de la Cruz en el sentido de que el objetivo último de la vida cristiana es participar vivamente de la esencia de Dios.

La tesis doctoral de Wojtyla reafirmaba también sus convicciones acerca de la inalienable dignidad del ser humano, dada la naturaleza intensamente personal del encuentro con Dios, la persona humana es, en esencia, libre, pues a una relación auténtica de mutua autoofrenda sólo se puede acceder por la vía de la libertad. La certeza que emerge de esta relación no es de la clase que se obtiene al resolver una ecuación algebraica. Es la certeza que emerge del corazón humano, a la que puede dotarse de expresión intelectual, pero que, en definitiva, tiene su característico lenguaje de oración y alabanza, constituyendo, sin embargo, el reconocimiento sensible de una verdad.

El misticismo, ese diálogo interior con el Dios personal, es algo fundamental para conocer al ser humano, y las tensiones forjadas en el encuentro con el infinito son la clave del drama de la vida humana. En realidad no podemos conocer a los demás a menos que los conozcamos como personas llamadas a la comunión con el Ser Supremo. Dios es un elemento imprescindible para la comprensión de la persona humana, y quien no lo considera como parte de sí mismo y de los demás está apartando aquella parte que es lo más profundo y auténtico de nosotros. Al llegar a tales conclusiones, Karol Wojtyla fijaría un punto de vista no sólo teológico, sino también social y político, pues con ello expresa un repudio a las teorías materialistas, y en especial al comunismo ateo, lo que sería una de sus banderas de lucha.

El 14 de junio de 1948, Karol Wojtyla aprobó los exámenes doctorales con altas calificaciones. Pese a estos logros, el padre Wojtyla no recibió el doctorado del Colegio Angelicum, cuyas reglas requerían que la tesis fuese publicada antes de conceder el título. En ese tiempo él no podía costearse la impresión de la obra, por lo que al regresar a Polonia sometió la tesis a la Facultad de Teología de la Universidad Jagelloniana, misma que le concedió el título de Doctor en Teología en diciembre de 1948.

"Para conocer al ser humano, es primordial el diálogo interior con el Dios personal".

El reto pastoral

Karol Wojtyla inició su labor como sacerdote en circunstancias históricas sin precedentes, incluso para una diócesis tan antigua como la de Cracovia, pues en esos tiempos Polonia entera estaba dominada por el régimen férreo de la Unión Soviética estalinista, y por lo mismo la Iglesia católica pasaba por tiempos difíciles. El régimen estalinista no estaba satisfecho con dominar cada aspecto de la vida política y económica de Polonia; su más amplio propósito cultural era inculcar una ideología atea y una reinterpretación de la historia nacional de Polonia que rompiese el eslabón del nacionalismo polaco, íntimamente ligado al catolicismo.

Durante el tiempo que pasara en Roma, el padre Wojtyla no había vivido los caóticos meses del acceso comunista al poder en Polonia. Con excepción de Cracovia, todas las demás ciudades se hallaban en ruinas. Había que limpiar los escombros, dar sepultura a miles de cuerpos, reconstruir las viviendas, restablecer el sistema eléctrico, el hidráulico, repavimentar las calles, etcétera. La guerra no había terminado del todo en Polonia, pues varios movimientos de resistencia se negaron a rendirse al nuevo régimen controlado por los soviéticos. No fue sino hasta mediados de 1947 cuando, tras una supuesta elección libre, se afianzó el nuevo régimen y se pacificó el país.

En julio de 1948, cuando Wojtyla estaba de regreso en Cracovia, a la espera de que le fuese asignada una parroquia, la dictadura estalinista se había adueñado del país. El sacerdote, de 28 años, había regresado a un lugar *...donde aún se esperaba que llamaran a la puerta al alba, donde las prisiones* *estaban llenas y eran muchas las palizas, donde el policía secreto aun era el guardián de su hermano, y donde el Gran Maestro no era Cristo ni Buda, sino el hijo megalómano de un zapatero georgiano que había causado la muerte de millones.*

El catolicismo polaco de ese tiempo podía mirar atrás, hacia casi mil años de historia nacional y eclesiástica. La Iglesia conocía la naturaleza efímera de los regímenes políticos, y podía intuir que su posición se había visto fortalecida por Hitler y Stalin. Los sacrificios y el heroísmo de su clero durante la ocupación nazi le habían concedido enorme fuerza moral. En los primeros años del régimen comunista, la Iglesia y sus líderes llegarían a comprender que sus tareas inmediatas eran sobrevivir y revitalizarse, oponiendo resistencia siempre que las autoridades comunistas se metieran en asuntos no negociables de identidad o ministerio eclesiástico, pero tratando de evitar enfrentamientos directos.

Todo ello, según el padre Wojtyla, requería una nueva pauta de relaciones entre el clero católico y los laicos polacos. Los sacerdotes cargaban con una especial responsabilidad por la Iglesia, pero no eran toda la Iglesia. Para sobrevivir, para revitalizarse y jugar un papel independiente en la nueva Polonia, la Iglesia tenía que crear la conciencia de que el compromiso con el catolicismo era asunto de todo el pueblo, y no sólo de los sacerdotes.

Sacerdote universitario

espués de una breve estancia como párroco de la iglesia rural de Nuestra Señora, en Niegowic, un pequeño poblado en los Cárpatos, Karol Wojtyla fue trasladado a la iglesia de San Florián, en Cracovia, que era un centro religioso de gran importancia, especialmente en esos momentos, cuando el régimen comunista intensificaba su presión sobre la Iglesia. Desde 1947, los comunistas habían formado el movimiento Pax, para crear un bloque católico que pudiera ser controlado por el Estado, suprimiendo las escuelas católicas y la "Acción Católica". En abril de 1950, se negoció con el gobierno un acuerdo de coexistencia de noventa puntos que devolvía una cierta capacidad de acción a la Iglesia, aunque por otro lado la supeditaba al Estado, de cualquier manera, esto supuso un respiro para la Iglesia.

En esta época, Karol Wojtyla fue nombrado capellán de la Universidad Católica de Lublin, y en ejercicio de este cargo se dedicó a poner en marcha una serie de innovaciones litúrgicas, intelectuales, culturales y pastorales que cambiarían el carácter de la capellanía estudiantil en la archidiócesis de Cracovia, con objeto de contrarrestar el efecto de los gobernantes estalinistas de Polonia, quienes pretendían modificar radicalmente la cultura del país, dándole un tinte comunista. Tal vez la batalla más reñida entre el régimen y la Iglesia giraba en torno a la vida en familia, pues era intención del programa gubernamental el desmembramiento de la familia. La vivienda, los horarios de trabajo y los escolares eran organizados por el gobierno de manera que se dificultara el contacto familiar. Las viviendas se construían para albergar tan sólo a familias pequeñas, de modo que el alojamiento de los niños se convirtiera en un problema. El trabajo se organizaba en cuatro turnos y las familias rara vez estaban juntas. La jornada laboral comenzaba muy temprano, y la escolar mucho más tarde, de manera que los niños tenían que consignarse a guarderías estatales antes de la escuela. Las escuelas generalmente estaban lejos de la ciudad, por lo que los niños eran separados de sus comunidades locales.

Siempre que podían, el padre Wojtyla y sus colegas sacerdotes de San Florián utilizaban las estructuras ordinarias de la vida parroquial para combatir las estrategias del gobierno. Sin embargo, Wojtyla procuró ir más allá de la adaptación de las estructuras tradicionales a las nuevas circunstancias. La amenaza del régimen a la vida familiar cristiana no tenía precedentes, de modo que se necesitaban iniciativas pastorales también originales.

Desde 1950, Wojtyla comenzó a organizar grupos de católicos que tenían las características de una familia extendida, a la manera de los cristianos primitivos. El nombre genérico de estos grupos fue *Srodowisko*, que podría traducirse como "ambiente familiar".

En 1951, se asignó a Wojtyla la misión de obtener un segundo doctorado, por lo que se trasladó a una residencia eclesiástica en la calle Kanonicza, en el centro de Cracovia. Las redes del movimiento Srodowisko continuaban expandiéndose y Karol distribuía su tiempo entre los estudios formales, la elaboración de una base filosófica para los grupos de "pequeñas familias" y el liderazgo efectivo del movimiento católico de recuperación del sentido de unidad familiar que, al mismo tiempo que reafirmaba los valores tradicionales católicos y polacos, reducía los efectos de la ideología comunista enarbolada por el régimen.

Wojtyla ensayista

A principios de 1949, Karol Wojtyla comenzó a colaborar en el periódico católico de Cracovia *Tygodnik Powszechny* (Semanario Universal). Su primer artículo fue acerca de la situación del catolicismo en Francia, y se publicó en primera plana el 6 de marzo de 1949. La situación de la prensa católica en Polonia no era muy afortunada. Existían tres grupos editoriales. El primero lo formaba la prensa eclesiástica oficial, auspiciada y controlada por la alta jerarquía. El segundo grupo era el conjunto de publicaciones del movimiento *Pax* y similares, que simpatizaban con el régimen, por lo que la Iglesia se negaba a reconocer tales publicaciones como auténticamente católicas. Por último, existía la prensa aceptada por la jerarquía, editada principalmente por laicos, y reconocida por los obispos, quienes les asignaban "asistentes eclesiásticos", que se convertían en miembros trabajadores de la plantilla, recayendo sobre el editor la responsabilidad definitiva.

Debido a su calidad literaria y su profundidad intelectual, *Tygodnik Powszechny* era el mejor periódico de la Polonia comunista y el foro más respetado por los laicos, lo que causaba inquietud en el gobierno, que intentaba limitar su circulación por medio del monopolio que ejercía el gobierno sobre el papel. Sin embargo, no pocos obispos polacos lo consideraban peligrosamente independiente y "liberal", lo que causaba dolores de cabeza al cardenal Wyszynski, primado de Polonia. A pesar de tales tensiones, este semanario era un refugio de honestidad intelectual, entre la retórica comunista y el dogmatismo católico.

Mission de France, el ensayo inaugural de Karol Wojtyla para el periódico, constituía un análisis críticamente favorable del movimiento de los sacerdotes obreros como respuesta pastoral innovadora entre las desesperadas circunstancias del catolicismo francés de la posguerra, lo que fue siempre un foco de interés para los intelectuales polacos, católicos o no.

Francia, escribió, parecía una anomalía; la cultura intelectual de la Iglesia estaba muy desarrollada y el país se hundía en el paganismo poscristiano. ¿Cuál —se preguntaba— era el punto de encuentro entre esos dos fenómenos? La respuesta era la recientemente concebida "Mission de France", inspiración del abad Godin, quien opinaba que la renovación de la Iglesia francesa sólo se lograría cuando las "riquezas conceptuales" se transformaran en "valores de apostolado".

Lo que Godin había encontrado en las ciudades y otros lo habían hecho en el campo, era un terreno "absolutamente descristianizado", donde... *la vida ya no cuenta con lazo alguno con la tradición religiosa cristiana. Se trata de los entornos en que los niños, al ver el cuerpo clavado en el crucifijo, preguntan: ¿Quién es ése?* Wojtyla sabía que ése era precisamente el resultado que pretendía el régimen comunista de Polonia con su política cultural.

Los líderes más innovadores y valientes de la Iglesia francesa habían mirado a la realidad con honestidad, y su propuesta era que la Iglesia debía *transformarse en una realidad que demostrara a los no creyentes que la rodeaban el significado del Evangelio en relación con la vida.* Sacerdotes y laicos comprometidos tenían que vivir por igual, con un "espíritu de pobreza y generosidad", en las nuevas parroquias de sacerdotes obreros de la "Mission de France". Los sacerdotes debían dedicarse al trabajo manual. No se trataba tan sólo del retorno a las tradiciones de San Pablo, argumentaría Wojtyla, sino de la recuperación de la idea del sacerdote como *el hombre que ofrece, con y a través de Cristo, cada fragmento del sufrimiento de los hombres, de su trabajo, al Padre que está en los cielos.* En este movimiento, según Wojtyla, no se estaba llevando a cabo una "resistencia, una oposición", sino por el contrario, se trataba de una "actividad positiva", un ejercicio en la construcción de "una nueva clase de cultura cristiana".

El segundo ensayo del padre Wojtyla era un tributo a Jan Tyranowski, y se titulaba *Apóstol*. En los años siguientes contribuiría con ensayos sobre antropología cristiana, castidad conyugal y otros temas, tanto para *Tygodnik Powszechny* como para *Znak*. Entre 1957 y 1958 escribió una serie de veinte partes titulada *El ABC de la ética*, lo que tal vez fue su más extenso esfuerzo anterior al papado para presentar temas filosóficos y teológicos complejos a una audiencia no especializada, de un modo que pudiera satisfacer a los intelectualmente curiosos y a personas con una cierta cultura filosófica.

Tygodnik Powszechny no era tan sólo una salida literaria para el joven sacerdote ensayista. La gente del periódico se convertiría en parte de su entorno social e intelectual. Ahí se podía hablar con libertad y conocimiento de asuntos teológicos y eclesiásticos con colegas que también habían entregado sus vidas a la Iglesia, aunque la gran mayoría lo habían hecho como laicos.

Dramaturgo y poeta

La obra literaria de Karol Wojtyla floreció en los primeros doce años de su sacerdocio. La guerra, la vida en un país bajo el dominio comunista y sus cada vez más amplias experiencias y responsabilidades pastorales se convertirían en su inspiración literaria, encaminada al teatro y a la poesía. Por propia elección, escribía bajo dos pseudónimos: *Andrzej Jawien y Stanislaw Andrzej Gruda*. Tal vez el motivo de ello era establecer una diferencia entre su obra literaria y sus escritos religiosos y filosóficos, mismos que siempre publicó bajo su propio nombre.

Los dramas y poemas de Wojtyla eran la expresión de una convicción forjada muchos años atrás y que se había intensificado a lo largo de su vida: la de que la realidad no podía captarse por medio del único instrumento de la razón. Incluso tras haberse convertido en filósofo profesional, en profesor de la materia y guía magistral de la obra filosófica de otros, seguía convencido de que una de las debilidades de la vida intelectual moderna era la tendencia de todas las disciplinas a pensar que sólo existía un modo de captar la realidad de la condición humana. Tal actitud le parecía a Wojtyla tanto arrogante como imposible. Las profundidades de la experiencia humana sólo podían sondearse mediante una gran cantidad de métodos. La literatura, en su caso las obras dramáticas y la poesía, en ocasiones podía alcanzar el vislumbre de ciertas verdades que no se captan adecuadamente mediante la filosofía y la teología. Como muchos filósofos del siglo XX, Wojtyla creía que el lenguaje, ya fuera técnico o literario, siempre resultaba inadecuado para la realidad que trataba de captar y plasmar. Así, pues, la actividad literaria de Wojtyla no suponía un pasatiempo, era una manera de "hallarse presente" en las vidas de los demás, a través del medio natural del escritor, que es el diálogo.

El hermano de nuestro Dios

Karol Wojtyla empezó a escribir su primera obra dramática de madurez, *El hermano de nuestro Dios*, a los veinticinco años, durante su último curso en el seminario de Cracovia. Desde hacía tiempo le había fascinado la vida de Adam Chmielowski, a quien llamaban "fray Alberto", quien fuera una de las figuras más enigmáticas de la vida cultural y religiosa de la Polonia moderna. Wojtyla lo descubrió durante sus días de estudiante en la Universidad Jagelloniana y durante la guerra.

Chmielowski había nacido en 1845, al Sur de Polonia. A los diecisiete años se alzó en armas en contra del dominio ruso y fue herido en batalla, con la consecuencia de que se le amputara la pierna izquierda, en una operación realizada sin anestesia. Después de que ese levantamiento fuera sofocado, asistió brevemente a la escuela de arte de Varsovia, para luego dirigirse a París y Munich, donde estudió pintura y se convirtió en artista consumado. En 1870 celebró su primera exposición en Cracovia, y en 1880 trató de unirse a los jesuitas, pero sufrió un colapso nervioso y abandonó el noviciado al cabo de seis meses. Siguió desarrollando un estilo de pintura característicamente moderno y se convirtió en misionero franciscano laico. Tras instalarse de nuevo en Cracovia en 1884, se sintió cada vez más insatisfecho de su vida de artista. Molesto por lo que él consideraba un desamparo de los pobres por parte del gobierno, se involucró en grupos de ayuda a los más desprotegidos. En agosto de 1887 se vistió con un simple hábito de tela burda y asumió el nombre religioso de "fray Alberto". Un año después hizo votos ante el cardenal Albin Dunajewski, quien había sido su compañero en la lucha contra los rusos. Tras fundar la orden

La actividad literaria para Karol Wojtyla no era un pasatiempo.

de los "Hermanos Albertinos y, unos años más tarde, la de las "Hermanas Albertinas", dedicó el resto de su vida a los pobres, mientras él mismo vivía en una absoluta pobreza. El hermano Alberto murió el día de Navidad de 1916.

Esta es la historia real, y al mismo tiempo la que se maneja en el drama de Wojtyla; sin embargo, no se trata de un drama biográfico convencional; la dramaturgia de Wojtyla podría calificarse de "interiorista" o "psicológica", y en este caso, la obra constituye un intento de comunicar la lucha de fray Alberto por identificar y poner en práctica su vocación. La acción principal de la obra se desarrolla en la conciencia de Adam Chmielowski, quien va asumiendo el rol de fray Alberto a lo largo del drama.

El taller del orfebre

El talento dramático de Wojtyla se despliega ampliamente en el relato *El taller del orfebre*, publicado en diciembre de 1960, en la revista *Znak*, bajo el pseudónimo de A. Jawien. En esta obra se desmenuza el tema del matrimonio, a través de tres casos en los que se analizan los problemas de las parejas, desde el punto de vista del autor, colocado literariamente en la posición de un amigo que conoce el matrimonio tanto como lo permite el celibato, pero desde un punto de vista realista, que huye del sentimentalismo y centra su atención en el verdadero amor. A través del drama, Wojtyla insiste en que el amor y la fidelidad no pueden reducirse a emociones; el único fundamento del amor puede encontrarse en la capacidad humana de captar la verdad moral de las cosas. El matrimonio no es el encuentro pasajero entre dos estados emocionales, sino la realidad de dos personas que han sido transformadas por su encuentro y por la entrega mutua. Esa transformación permanece incluso cuando las emociones que formaran parte del inicio de la relación hayan pasado a la historia. Es necesario purificar nuestras emociones y transformarlas en la realidad más sólida del amor basado en la entrega incondicional a la persona amada.

Poesía

Durante los primeros años de su sacerdocio, Karol Wojtyla descubrió que el aparato científico de la filosofía podía limitar, e incluso obstaculizar, la exploración de la experiencia humana. La literatura constituía un instrumento más sutil para ahondar en las profundidades de la condición humana. Como su obra dramática, la poesía de Wojtyla es un modo de "estar presente" para otros en la conversión sobre la verdad de las cosas. No se trata de poemas fáciles o sentimentales, sin embargo, exhiben una sorprendente capacidad de llegar al interior de la experiencia y de la conducta ajenas, como, por ejemplo, la mujer samaritana a quien Jesús conoce en el pozo de Sichar:

> *Me invadió sin dificultad,*
> *hizo que mi vergüenza se desatara en mí*
> *y los pensamientos*
> *que tanto tiempo había reprimido,*
> *como si se hubiera imprimido*

un ritmo nuevo en mis sienes
y de pronto llevara dentro de mí
aquel tremendo agotamiento,
y todo con tan gran cuidado.

A pesar de que la poesía de Wojtyla puede insertarse en la tradición mística, existen en ella pocas exhortaciones religiosas, y la expresión es categóricamente humanística. Él rara vez elogia o condena, lo que hace es describir, aunque de tales descripciones se deduce una reflexión profundamente cristiana, aunque se trate de la exploración de la vivencia de un obrero en una fábrica de municiones, como en el siguiente poema:

No puedo influir en el destino del mundo;
yo no inicio las guerras.
¿Trabajo contigo o contra ti?
No lo sé.
Yo no peco.
Pero me preocupa no tener influencia y no pecar...
Estoy preparando los fragmentos del desastre,
pero no consigo captar una sensación de totalidad;
el destino del hombre está por encima de mi
  imaginación...
Pero, ¿es eso suficiente?

Los poemas de Wojtyla eran simplemente una forma de expresarse acerca de una idea o una experiencia en particular. Constituían el medio apropiado de expresión para cierta clase de reflexión, e incluso una forma de oración. Para él, las experiencias que le instaba a esa clase de expresión podían extraerse de encuentros personales, como los que mantenía como confesor o al confirmar a jóvenes en un pueblo de montaña, o de grandes sucesos históricos, como el Concilio Vaticano II, o el milenio de la cristiandad polaca.

Wojtyla y la filosofía existencial

Como ya hemos comentado, Karol Wojtyla inició los estudios para obtener un segundo doctorado en 1951, logrando, con gran esfuerzo, una correcta ecuación entre el trabajo pastoral y el académico. En su primer doctorado había reconocido y asumido su parte mística; ahora, en este segundo proceso de búsqueda intelectual, habría de adentrarse en el terreno de la ética, pero en el sentido de una ética basada en la correcta percepción de las cosas del mundo, siguiendo los lineamientos de la filosofía fenomenológica, que era el centro de la discusión filosófica en aquella época. Wojtyla relacionaría sus propias experiencias con sus elaboraciones filosóficas. Sus conocimientos de la metafísica tradicional se mezclaban con sus recuerdos como obrero en las canteras de Solvay, y le daban la pauta de pensar que, si uno analiza las cuestiones desde un punto de vista fenoménico, privilegiando la objetividad, ya fuera en la observación de los cubos de agua que acarreaba en su trabajo en la cantera, hasta la sutil relación con Dios, a su debido tiempo se mostraría la unidad de las cosas, y con ello la esencia de los fenómenos. La realidad en sí misma constituía la verdadera medida del pensamiento, que estaba obligado a ceñirse a la verdad de las cosas, igual que la limadura de hierro se adhiere al imán.

Wojtyla se aferraría a esa convicción sobre la realidad objetiva del mundo a medida que maduraban sus intereses filosóficos, y cuando se abocó a centrarse más directamente en la ética, llegó a la convicción de que esa realidad revelaba cosas importantes acerca de las virtudes, de la búsqueda de la felicidad y del deber moral en la vida.

El problema planteado por su formación anterior y reforzado por su labor pastoral era el recrear una ética que se acercara más a lo humano. A sugerencia de su antiguo profesor y actual compañero de vivienda, el padre Rózycki, Wojtyla decidió explorar en su tesis doctoral la obra de Max Sheler, para indagar si el estilo filosófico del pensador alemán pudiera acercarlo a una ética fenomenológica. La inmersión en la filosofía de Max Sheler marcaría un giro intelectual muy significativo en la vida de Karol Wojtyla.

Max Sheler había nacido en 1874 y, tras una turbulenta carrera, murió en 1928. En su tiempo se le consideraba un genio. Sus orígenes, parcialmente judíos, le tornaban sospechoso para algunos, mientras que su conversión al catolicismo y su posterior abandono de la Iglesia lo harían sospechoso para otros. A pesar de eso, Sheler formó parte de una corriente de pensamiento que influiría enormemente en la reconfiguración de la ética en general y de la ética católica, en particular. El norte y guía de tales pensadores había sido Edmund Husserl (1859-1938), fundador de un nuevo método filosófico conocido como "fenomenología". Sheler había adoptado el método fenomenológico para aplicarlo a la ética, y en esa línea trabajaba Wojtyla. Lo que lo atraía a la fenomenología era su determinación de ver las cosas como un todo y tratar de llegar a la realidad última de ellas. En su tesis doctoral se preguntaría si era posible crear un fundamento filosófico sólido para la vida moral, basándose en la fenomenología de la ética de Sheler, y en particular en su concepción de los valores.

Cada código moral debe contener una respuesta a la cuestión de "¿por qué ser bueno?" ¿Cómo podría responderse a tal cuestión en una cultura que sospechaba habitualmente de toda respuesta considerada tradicional ("Porque ésta es la manera de hacer las cosas"), o autoritaria ("Porque Dios [o el padre, o la ley] dice que es bueno")...? ¿Cómo es que las elecciones morales no constituyen simples preferencias personales? ¿Cómo pueden un hombre o una mujer modernos emitir un juicio moral inapelable y decir *"debo* hacer esto.*."* en vez de decir *"prefiero* hacer esto*"*...? ¿Cómo puede la sociedad discutir cuestiones de cómo *deberíamos* vivir unos con otros si nadie sabe de dónde procede ese *debería* y todo el mundo cree que se trata de la imposición de la voluntad de algún otro?

Cuestiones como éstas no sólo eran dignas de ser planteadas en un país comunista, pues en todos lados la cultura de la posguerra había suscitado una crítica cuestión esencial: ¿Podrían acaso los seres humanos hablar con la más mínima coherencia acerca de la moralidad? Wojtyla creía que Sheler le ayudaría a analizar semejante cuestión, como parte de un "enorme y necesario esfuerzo para encontrar un nuevo modo de pensamiento filosófico". Ello requería a su vez que Wojtyla volviera a convertirse en picador de piedra, pero esta vez en un sentido intelectual. Como diría más tarde el Papa Juan Pablo II: *Tuve que traducir gran parte de Sheler con vistas a trabajar en él y llevar a cabo un análisis filosófico y teológico de su mente.*

Lo que Wojtyla encontraba más atractivo en la obra de Sheler era que rescataba la filosofía moral del gran laberinto de abstracciones en el que había caído la filosofía, dándole a la ética un carácter existencial. El cuidadoso análisis de Sheler de los sentimientos morales, en especial de la empatía y compasión, resultaba a su vez importante, pues ayudaba a liberar a la filosofía moderna de la prisión de la soledad, ya que esos valores no son concebibles sino ante la presencia del otro. La cuestión que Wojtyla presentaba en su tesis era si Sheler y la fenomenología podrían hacer por la filosofía y la teología cristianas contemporáneas lo que Aristóteles había hecho por Santo Tomás de Aquino.

La respuesta, para Wojtyla era más bien un "no": el acto moral es un acto *real* y con consecuencias reales, y en opinión de Wojtyla, Sheler no había llegado a comprender que las elecciones morales llegan de hecho a conformar a una persona, por tanto, en el sistema de Sheler, la moralidad se hallaba aun suspendida en alguna parte del exterior del universo humano. Wojtyla también se mostraba crítico con la tendencia de Sheler a emocionalizar la experiencia y la conciencia, lo que llevaba a un retrato truncado de la persona humana. Los hombres y las mujeres con los que había tratado en la vida diaria, eran algo más que amalgamas de estados y experiencias emocionales.

Éstas eran las críticas específicas de la filosofía de Max Sheler. La conclusión más general a la que llegaría su tesis de habilitación para el doctorado, llamada *Una evaluación de la posibilidad de forjar una ética cristiana basándose en el sistema de Max Sheler*, resultaría fundamental para el desarrollo del propio sistema filosófico de Karol Wojtyla. La fenomenología, argumentaba, constituía un importante instrumento para ahondar en las distintas dimensiones de la experiencia humana. Sin embargo, incurría en distintas formas de solipsismo, lo que solamente podría evitarse si se afianzara en una verdadera teoría general de las cosas tal como son, finalmente realista y defensiva de la capacidad del ser humano por llegar a la verdad de las cosas. Lo cual, opinaba, era crucial si la humanidad moderna iba a ser capaz de comprender unas normas morales reales y vivir según ellas. Si no se trataba de elegir entre el bien y el mal, sino sólo entre preferencias personales, entonces todas las opciones eran, en última instancia, indiferentes, y ya no existía una opción real. A su vez, ello despojaría al drama de la libertad humana de su tensión esencial y privaría a los hombres de su cualidad más característicamente humana.

El estudio de Sheler sería el primer intento continuado de Karol Wojtyla por vincular la *objetividad* realista arraigada en la filosofía que aprendiera en el seminario del Angelicum al énfasis de la filosofía moderna respecto de la experiencia y la *subjetividad* humanas. En la mencionada tesis, y en la obra filosófica posterior, la reconciliación, la síntesis y la conexión se encontrarían entre los rasgos intelectuales más característicos de Wojtyla, permitiéndole pensar a través del tomismo y la fenomenología, del amor y la responsabilidad, de la libertad y la abnegación y, años más tarde, de la democracia y la moralidad pública, del mercado y de la solidaridad. Este enfoque sintético reflejaba a su vez la continua preocupación pastoral de Wojtyla y su sentido de un ministerio sacerdotal entendido como un "encontrarse sabiamente con alguien". La abierta actitud de Wojtyla ante ese encuentro con los demás era un modo de indagar en el interior de su filosofía aun para aquellos que no contaban con un lenguaje filosófico formal.

La tesis de habilitación del padre Karol Wojtyla fue leída por dos profesores de la Universidad Jagelloniana y por uno de la Universidad Católica de Lublin. Este comité de tres sinodales aceptó unánimemente el trabajo, y el Consejo de la Facultad de Teología aceptó su recomendación de celebrar una reunión especial el 30 de noviembre de 1953. El proceso de admisión a la Facultad de Teología parecía completo cuando el 3 de diciembre, el padre Wojtyla pronunció una conferencia en la que aunaba su interés en San Juan de la Cruz y Max Sheler: *Un análisis del acto de fe según la filosofía de los valores morales*. La Facultad de Teología de la Universidad Jagelloniana le concedió el segundo título de doctor en 1954, pero antes de que Wojtyla pudiera ser nombrado oficialmente docente, la Facultad fuè suprimida por el régimen comunista de Polonia.

Un primer libro:
Amor y responsabilidad

E l trabajo del profesor Karol Wojtyla como filósofo, al igual que la actividad literaria como poeta y dramaturgo, se desarrollaba paralelamente con su trabajo sacerdotal. Wojtyla no dejaba en suspenso sus preocupaciones pastorales al situarse en el estrado de conferenciante o sentarse en la mesa de profesor. Su producción intelectual estaba influenciada, y de hecho guiada, por su experiencia pastoral. Éste fue el fundamento de su primer libro: *Amor y responsabilidad*, en el que confluirían los variados caminos de su propia experiencia vital. Este libro pudiera considerarse un complemento filosófico de los conceptos que ya había explorado en *El taller del orfebre*, que ya hemos comentado antes.

Amor y responsabilidad nació, como recordaría su autor, "de la necesidad pastoral". La vasta experiencia pastoral de

La producción literaria de Wojtyla estaba influenciada por su experiencia pastoral.

Wojtyla en la preparación al matrimonio y como profesor de jóvenes, lo había convencido de que era preciso desarrollar y representar la ética sexual de la Iglesia. Los hombres y las mujeres jóvenes contaban con el derecho no sólo a la instrucción, sino también a la afirmación y celebración de su vocación al matrimonio, que incluía la actividad sexual, con lo que Wojtyla se adentraría en uno de los temas más delicados de la vida católica contemporánea.

Cuando la primitiva Iglesia rechazó formalmente las enseñanzas agnósticas y maniqueas de que el mundo era en sí mismo corrupto, la postura de la cristiandad fue oponerse a que el sexo fuera intrínsecamente malo. Pero la duradera influencia de San Agustín, o al menos de algunos de sus comentaristas, arrojaría una sombra maniqueísta sobre la ética sexual católica: la Iglesia declaró que el matrimonio constituía una vocación, lo incluyó entre sus sacramentos y enseñó que los dos contrayentes, y no el sacerdote que presidía la boda, eran los ministros de ese sacramento. Pero también sostenía la teoría de los "fines", o propósitos del matrimonio, que podían llevar (y en ocasiones lo hacía) a denigrar el amor sexual. El fin primordial del matrimonio (y por ende del sexo) era la procreación, y la dimensión sexual del amor conyugal quedaba relegada a los "fines" secundarios del matrimonio, que se expresaban, con cierto remilgo, como "ayuda mutua" de los esposos, o "un remedio para la concupiscencia". Combinando lo anterior con el hecho de que la ley matrimonial de la Iglesia adoptaba una visión más bien impersonal de la sexualidad, el resultado global era una presentación de la sexualidad humana que tendía a centrarse más en las prohibiciones legales que en el amor. La Iglesia se hallaba por tanto poco capacitada para responder al desafío de la revolución sexual, y su promesa de liberación que hiciera explosión en el mundo desarrollado tras las Segunda Guerra Mundial. A su debido tiempo, ello conduciría a una de las más grandes crisis de la vida católica del siglo XX, el amargo debate sobre la contracepción que precediera y seguiría al Concilio Vaticano II.

La revolución sexual de la posguerra, que recorrió principalmente Europa Occidental y los Estados Unidos, tardó en abrir brecha en los países comunistas, pero la vida bajo el comunismo plantearía sus propios desafíos a la moralidad sexual y a la castidad conyugal. En venganza por sus concesiones de 1956 a la Iglesia, el régimen de Gomulka instituyó una ley permisiva del aborto, lo que era un asalto directo a la moralidad católica clásica. A los jóvenes que participaban en excursiones estivales patrocinadas por el Estado se les animaba a tener experiencias sexuales, como un medio más de disminuir la influencia de la Iglesia sobre ellos. La campaña comunista en contra de la vida familiar tradicional contaría con sus propios efectos secundarios sobre la moralidad sexual, pues el vínculo entre el amor conyugal y la procreación del que hablaban las enseñanzas eclesiásticas se rompía si hombres y mujeres llegaban a considerar a los niños problemas que resolver en vez de dones que apreciar. El materialismo comunista también contribuía a un clima cultural en el que la sexualidad se devaluaba moralmente.

Tales eran las circunstancias vitales a que se enfrentaban los alumnos del padre Wojtyla y sus amigos casados. Su trabajo como filósofo y teólogo, y sus experiencias como profesor y consejero, lo habían convencido de que la ética sexual de la Iglesia, interpretada de forma adecuada, contenía verdades esenciales que hacían más profunda y duradera la felicidad humana cuando se vivía fielmente. También descubriría que el deber del consejero espiritual consiste no sólo en obligar y prohibir, sino en explicar, fundamentar y justificar la ética de la castidad conyugal y el amor sexual que la Iglesia extraía, sobre todo, del Nuevo Testamento, donde las reglas del comportamiento sexual son muy importantes. Sin embargo, en un clima cultural moderno, los hombres y las mujeres no aceptarían tales reglas, a menos que las entendieran como expresiones de verdades morales fundamentales, como un mapa del camino hacia la mejor realización de su bienestar y felicidad, como bienes humanos básicos. "Este bien es la persona, y la verdad moral asociada precisamente al mundo de las personas es el *mandamiento del amor*, ya que el amor es el bien propio del mundo de las personas". Por tanto, Wojtyla argumentaba que el mejor modo de abordar la sexualidad era en el contexto del "amor y la responsabilidad". El amor es una expresión de responsabilidad personal, responsabilidad hacia otro ser humano, y también hacia Dios. "¿Cómo pueden hombres y mujeres —se preguntaba— convertirse en amantes responsables, de modo que su amor sexual encarne y simbolice una genuina libertad?... ¿Cómo puede nuestro amor convertirse en un amor plenamente humano?"

La "norma personalista", variante de Wojtyla del segundo imperativo categórico de Kant, sería la puerta por la que se adentraría en la reflexión sobre la ética de la sexualidad humana. Wojtyla argumentaba que el imperativo moral de evitar "utilizar" a los demás constituye la base ética de la libertad, porque nos permite relacionarnos con otros sin reducirlos a objetos al manipularlos. Wojtyla sugería que sólo evitamos "utilizarnos" cuando dos libertades genuinas se encuentran en persecución de un bien que tienen en común. "Yo puedo decir, y tú estar de acuerdo, que no estoy utilizándote cuando mi libertad se encuentra libremente con la tuya en nuestra búsqueda común de algo verdaderamente bueno, y que ambos reconocemos como tal. Este encuentro de dos libertades constituye la sustancia del amor, que es la expresión de la norma personalista en todas las relaciones. Amar es lo contrario de utilizar".

Un compromiso a "amar en vez de utilizar" tendría considerables consecuencias para una moralidad sexual. Si alguien entiende su sexualidad como una mera función o expresión de su autonomía personal —libertad entendida como licencia— entonces, sea cual sea su conocimiento sobre los hechos biológicos de la vida, se perderá uno de los hechos *morales* fundamentales de la misma, el que nuestra sexualidad revela nuestra profunda dependencia de los demás. No puedo llegar a mi destino por mí mismo, desligándome de los demás al reducirlos a meros objetos de placer. Para llegar a mi destino debo "encontrarme con la libertad de otra persona y depender de ella".

La moralidad sexual transforma el sexo de algo que simplemente sucede en algo que tiene dignidad humana. El sexo que simplemente tiene lugar es un sexo deshumanizado. El sexo, que es una expresión de dos libertades que buscan juntos el bien personal y común, es plenamente humano y humanizante.

El paso filosófico clave de Wojtyla, que tomaría de Santo Tomás de Aquino y exploraría a través del análisis fenomenológico, era el de distinguir entre un "acto humano" y un "acto del hombre". Un acto del hombre es la sexualidad natural, instintiva y totalmente impersonal. Un "acto humano" por el contrario, incluye un juicio que confiere a ese acto su característica textura moral. "Un acto humano expresa mi juicio emitido libremente sobre algo que es bueno. El amor es, por tanto, el 'acto humano' por excelencia, y no debería reducirse a la simple emoción o atracción. La atracción desligada del juicio reduce al otro a mero objeto del deseo.

"La otra *persona*, y no tan sólo en otro *cuerpo*, es el verdadero objeto del acto sexual que es verdaderamente humano; y el objetivo de la expresión sexual es hacer más profunda la relación personal, a la cual contribuye el don mutuo del placer. Al entregarme libremente al otro en el sexo como expresión de amor, estoy siendo yo mismo del más radical de los modos, pues he hecho de mí mismo un don para el otro de una forma que expresa profundamente quien soy". La ley del "don de sí", que para Wojtyla constituía la estructura moral básica de la vida humana, sería convincentemente confirmada por un cauteloso análisis de la ética de la sexualidad.

Además de tratarse de un enfoque humanista de la sexualidad, el reconcebir la expresión sexual como una entrega mutua, le permitía a Wojtyla ir más allá de la polémica sobre los "fines" del matrimonio, batalla que se libraba entonces con virulencia en el entorno de la teología moral católica. Más que afirmar que el "fin primordial" del matrimonio fuera el engendrar niños o la comunión de los esposos, la ética sexual de Wojtyla enseñaba que el amor era la norma del matrimonio, un amor en el que tanto la dimensión procreadora como la unitiva de la sexualidad humana alcanzaban el pleno valor moral.

Amor y responsabilidad constituía un antídoto para el maniqueísmo y un esbozo de una respuesta personalista y humanista a las exigencias de la revolución sexual. En el tratamiento de la sexualidad de Wojtyla no había mojigatería ni lascivia. Su análisis del matrimonio evitaba el falso romanticismo y la esterilidad de la abstracción de algunas teologías morales. En esta obra se proclamaba que la sexualidad constituía un bien, porque el deseo sexual lleva a hombres y mujeres al matrimonio, una escuela difícil, pero a la larga eficaz, en la que aprendemos "con paciencia, con dedicación y también con sufrimiento qué es la vida y cómo la ley fundamental de la vida, esto es, la autoentrega, se da forma concreta a sí misma".

En este contexto, la castidad no constituye simplemente una sarta de prohibiciones. La castidad es la "integración del amor", la virtud que hace posible amar a otro como persona. El amor sexual casto es *extático*, en el sentido original griego del éxtasis, que es el ser transportado al "exterior" de uno mismo. El amor casto implica el poner el centro emocional de uno mismo, y en cierto sentido, nuestro propio ser, al cuidado de otro. Hemos sido creados como seres libres, de modo que podemos disponer de nosotros mismos para donarnos a los demás. Somos libres, por lo que podemos amar libre y verdaderamente. La libertad, no la prohibición, constituye el marco de la ética sexual de Wojtyla.

Amor y responsabilidad causó un cierto resquemor cuando fue publicado por primera vez, en 1960, dos años después de que Karol Wojtyla fuera nombrado obispo. Él recordaría que, al publicarse la versión francesa, en 1965, el padre Henri de Lubac, uno de los grandes ideólogos del Concilio Vaticano II, "puso considerable énfasis" en que el capítulo cinco, "La sexología y la ética", fuese conservado, lo cual sugiere que otros clérigos le habían dicho al autor, a principios de la década de los sesenta, que las cuestiones del funcionamiento sexual y mutuo intercambio de placer quedaban por debajo de su dignidad sacerdotal y episcopal. Resulta obvio que Wojtyla no estaba de acuerdo. Si sacerdotes y obispos no hablaban cándida y humildemente del deseo y la plenitud sexuales con sus feligreses, pecaban de omisión en sus responsabilidades pastorales. Si los mojigatos no estaban de acuerdo, era lamentable, pero ése era problema de ellos.

El libro versaba sobre el amor responsable, no sobre la anticoncepción. Discutía sobre la castidad conyugal y la ética sexual dentro del marco del personalismo filosófico de Wojtyla y de su defensa del humanismo cristiano, en respuesta a los falsos humanismos de su tiempo. La verdad acerca de la persona humana era que el corazón del drama individual de nuestras vidas lo constituía la historia del amor o de su negación. El donarse mutuamente es una *communio personarum*, una "comunión de las personas", ése era el marco moral, el marco humanista en el que debía plantearse la cuestión del control de la natalidad.

Wojtyla afirmaba las enseñanzas de la Iglesia de que la regulación moralmente apropiada de la natalidad tiene lugar a través de un uso responsable del ciclo natural de la fertilidad, no a través de medios mecánicos o químicos. No ponía en duda que la planificación familiar natural fuese un método que requería la virtud de la abstinencia, pero argumentaba que se trataba del único método que alcanzaba el alto nivel de la dignidad humana, de una manera objetiva y personal. No todo el mundo estuvo de acuerdo. Aun así, el situar el método natural de planificación familiar dentro del contexto más amplio del amor responsable y del don mutuo, y al afirmar el amor sexual como expresión esencial de la vocación del matrimonio, es posible que Wojtyla dotara a la postura moral eclesiástica sobre la planificación "natural" de una oportunidad de ser escuchada y engranada en un clima cultural en el que el término "natural" estaba adquiriendo una nueva fuerza moral, e incluso espiritual.

Wojtyla sostenía la tesis de que la revolución sexual era la negación del amor, y que uno de los resultados era la degradación de la mujer, tomada como objeto de placer masculino. Sin embargo, las enseñanzas católicas sobre la castidad conyugal y su relación con varios medios de regular la natalidad simplemente no tenían sentido, a menos que la Iglesia presentara su interpretación del "amor responsable" de un modo que pudiera ser asimilado por hombres y mujeres que creían que el amor sexual era un bien en sí mismo. Lo que pretendía *Amor y responsabilidad* era dotar de un sentido moral a la sexualidad humana, mediante un diálogo con hombres y mujeres que habían invitado al autor a participar en sus vidas como "pastor confidente". Que no obtuviera un éxito inmediato, más allá del círculo de lectores del autor, tendría unas consecuencias que Karol Wojtyla tendría que afrontar en un futuro no muy lejano.

El obispado

A principios de 1958, cuando sus amigos Stanislaw y Danuta Rybicki esperaban el nacimiento de su primer hijo, el padre Karol Wojtyla emprendió una excursión en kayak por el río Lyne, en el Noroeste de Polonia. Partieron en dos kayaks. Wujek en uno de ellos, y Heydel y Turowski en el otro. Los tres hombres abandonaron el río en un lugar cercano a la carretera de Olsztynek, que contaba con la estación del tren más cercana, y dejaron los kayaks bajo un puente. El "almirante" Heydel trató de detener alguno de los vehículos que pasaban, y consiguió que parara un camión que transportaba leche, diciéndole al conductor que le pagaría la gasolina si los llevaba a Olsztynek. Wujek subió en la parte trasera y se sentó entre los contenedores de leche. Cuando llegaron a la estación de Olsztynek se dirigió al lavabo para ponerse una sotana y, como Turowski lo expresara más tarde, "salir del lavabo convertido en un sacerdote".

Cuando el padre Wojtyla llegó al despacho del primado, el cardenal Wyszynski le informó que, el 4 de julio, el Papa Pío XII le había nombrado obispo titular de Ombi, auxiliar del arzobispo Baziak, y administrador apostólico de la archidiócesis de Cracovia. Wojtyla aceptó el cargo y acudió de inmediato al convento de las ursulinas en la capital, donde llamó a la puerta y preguntó si podía entrar a rezar. Las hermanas no lo conocían, pero su sotana era suficiente pasaporte. Lo guiaron hasta la capilla y lo dejaron solo. Pasado cierto tiempo, las monjas comenzaron a preocuparse y abrieron en silencio las puertas de la capilla para ver qué ocurría. Wojtyla se hallaba postrado en el suelo frente al tabernáculo. Atemorizadas, las hermanas se marcharon, creyendo que quizá se tratara de un penitente. Regresaron varias horas más tarde. El sacerdote desconocido continuaba postrado ante el Santísimo Sacramento. Ya era tarde, y una de las mojas dijo: "Quizá el padre desearía venir a cenar..." El extraño respondió: "Mi tren no sale sino hasta la medianoche, por favor, dejen que me quede aquí. Tengo un montón de cosas que hablarle al señor..."

Tras resolver sus asuntos con el Señor, Wojtyla se dirigiría a hablar de la cuestión con el arzobispo Baziak, quien presumiblemente esperaba que su nuevo auxiliar se quedase en la ciudad. Wojtyla le dijo al arzobispo que tenía que regresar al río Lyne a celebrar la misa del domingo para sus amigos. Heydel y Turowski se encontraron con él en la carretera a Olsztynek, en el puente en el que habían parado el camión, y regresaron en kayak al campamento.

De este modo, Karol Wojtyla se convirtió, a sus treinta y ocho años, en el obispo más joven de Polonia.

Pero no todo el mundo creyó que nombrar obispo a Wojtyla fuera buena idea. El profesor Adam Vetulani, de la Universidad Jagelloniana, se quejó de su "amargura" para con los "eruditos clericales". "Ya ves que pasa —le escribiría a un amigo—, uno educa a un docente, y lo que consigue es un estadista". Sin embargo, el profesor Vetulani no tenía motivo de preocupación, pues el obispo Wojtyla continuó impartiendo clases en la universidad, aunque acudiera a ella con menor asiduidad. El seminario doctoral se reuniría en ocasiones durante seis horas para compensar la menor frecuencia de las sesiones, y las clases del curso introductorio serían impartidas por algunos de sus protegidos filosóficos.

En los primeros meses de su episcopado, Wojtyla asumió gran cantidad de nuevas responsabilidades pastorales. Siempre solicitado como predicador invitado y director de ejercicios espirituales, ahora viajaba incluso más a lo largo y ancho de la archidiócesis, celebrando misas, bendiciendo edificios, ordenando a subdiáconos y diáconos, confirmando a niños, supervisando encuentros de varios decanatos para el arzobispo Baziak, predicando en ejercicios espirituales o misas especiales para grupos profesionales, incluidos médicos, abogados e intelectuales.

La administración eclesiástica nunca ha sido la interpretación que Wojtyla ha hecho de su vocación. Para él, el episcopado constituía preminentemente el oficio de predicar y enseñar, y se mostraría infatigable en el servicio de tal apostolado en Cracovia. En marzo de 1959, sólo por poner un ejemplo, dirigió una jornada de reflexión para el personal de *Tygodnik Powszechny* y predicó en los retiros espirituales de ingenieros de minas, enfermeras, maestros, abogados y médicos. Este ritmo, a la larga, pudo con él. Aquel mismo mes le fue diagnosticada una mononucleosis; tras unos análisis que incluían una complicada biopsia de la médula, el médico se disculpó por las molestias que le había causado. El obispo simpatizó con el doctor, "por haber tenido que abrirse paso a través de una estructura ósea particularmente dura".

Los sermones y las enseñanzas doctrinales de Wojtyla en el periodo inmediatamente anterior y posterior a su consagración como obispo desarrollaban temas de renovación que pronto resultarían familiares para todo el mundo católico. En un coloquio de médicos, en 1958, insistió en la "enorme confianza de Dios en las posibilidades del hombre", una confianza de que la encarnación del Hijo de Dios daba elocuente testimonio. Aquel mismo año diría en una jornada de reflexión para jóvenes que "la oración es la relación al misterio que el mundo acarrea en su interior". Sin la oración nos desligamos a nosotros mismos de la dimensión más profunda del mundo. En Lodz, en unos ejercicios cuaresmales, celebrados en 1960, para profesores universitarios, el obispo Wojtyla enseñó que la gracia era "el mismísimo gozo de la existencia", y que "la Iglesia no es una organización de Cristo, sino un organismo de Cristo".

Quizá su categoría eclesiástica hubiera cambiado, pero las cosas no lo habían hecho, incluida la determinación del régimen polaco de hacerle la vida lo más difícil posible a la capellanía estudiantil de la Universidad Jagelloniana y al ministerio sanitario archidiocesano. El 11 de octubre de 1959 Wojtyla tenía programada la celebración de una misa de inicio de curso académico en la iglesia colegial de Santa Ana. El régimen prohibió cualquier anuncio del evento, a excepción de un breve cartel en el vestíbulo de la iglesia. Y aun así el templo se llenó a rebosar y varios profesores, incluido Adam Vetulani, desafiaron a las autoridades, sentándose en el coro y el presbiterio durante el servicio. Unos meses más tarde, en febrero de 1960, el obispo Wojtyla visitó una clínica para mujeres dirigida por monjas albertinas, conociendo y bendiciendo a cada paciente. Como resultado de aquella visita, las albertinas anotarían discretamente en su diario que tuvieron "dificultades" y que hubieron "escenas desagradables" con las autoridades. Además de aquellos enfrentamientos relativamente menores, el obispo Wojtyla iniciaría, el 24 de diciembre de 1959, la costumbre anual que se convertiría en la eterna piedra en el zapato del comunismo: la celebración de la misa de gallo en el campo abierto de Nowa Huta, la considerada como ciudad obrera modelo a las afueras de Cracovia, la primera población en la historia polaca construida deliberadamente sin iglesias. Dado el clima gélido del invierno, escribiría unos años después, una misa de Nochebuena para aquellos que no tenían otro lugar a dónde ir; aquella noche guardaba "sorprendente semejanza en sus condiciones externas" con la otra Navidad, casi dos mil años antes.

Pero no todo era trabajo. El nuevo obispo seguiría practicando el remo en kayak durante excursiones de dos semanas con sus amigos, a finales de julio y principios de agosto de cada año. Siempre que le era posible, también esquiaba. A él siempre le había gustado la Navidad, y aprovechaba la costumbre polaca de extender las festividades durante el mes de enero para participar en multitud de celebraciones en las que los amigos polacos compartían una oblea navideña mientras entonaban villancicos tradicionales, la mayoría de los cuales el obispo se sabía de memoria. También se mantenía en contacto con sus viejos amigos del Teatro Rapsódico mediante la celebración de una misa en el vigésimo aniversario de la compañía, en la catedral del Wawel, el 19 de septiembre de 1961, y la publicación, bajo pseudónimo, de un ensayo sobre *Las vísperas de nuestros antepasados y el vigésimo aniversario, en Tygodnik Powszechny.*

El Concilio Vaticano II

Ólo se han celebrado veintiún concilios generales o "ecuménicos" en la historia de la Iglesia católica. Tales congregaciones de obispos del mundo, en comunión con el obispo de Roma, han tenido una duración que va desde unos pocos meses hasta dieciocho años. Los concilios ecuménicos han definido el dogma, puesto credos por escrito, condenado la herejía, establecido guías para la práctica sacramental, derrocado emperadores, luchado contra cismas y propuesto esquemas para la reunificación de la cristiandad. No importa dónde tuvieran lugar, qué hicieron o cuánto tiempo les llevara cumplir con su cometido, cada uno de ellos se vio salpicado de conflictos y seguido de grandes controversias. Cuando el 25 de enero de 1959, el Papa Juan XXIII sorprendió al mundo católico al anunciar su intención de convocar un concilio ecuménico, quien sería su sucesor y de hecho llevaría las riendas del Concilio, Giovanni Battista Montini, llamó a un amigo para decirle:

"El Concilio tuvo un significado único e irrepetible para todos los que formamos parte de él" Karol Wojtyla.

"Nuestro santo muchacho no se da cuenta de hasta qué punto está alborotando al gallinero".

Existe un relato corriente de cómo se desarrolló esa gran apuesta del Papa Juan XXIII, en el que los frentes conciliares de batalla están claramente trazados, entre liberales y conservadores; de acuerdo a esta interpretación, los liberales terminaron por ganar, pese a la intransigencia de los otros. Este relato tiene suficientes bases como para otorgarle veracidad. La curia romana, la burocracia central de la Iglesia, se había tornado intelectualmente acartonada y demasiado a menudo identificaba sus propias preocupaciones con las necesidades de la Iglesia universal. El catolicismo, como lo expresara el Papa Juan XXIII en su famoso discurso de apertura del Concilio, había utilizado con exceso la medicina de la condena y demasiado poco la de la misericordia en su enfoque de la modernidad. La teología de la Iglesia, su estudio de las Escrituras, su culto y su enfoque de la política moderna debían desarrollarse. También es cierto que algunos miembros del clero, que podrían describirse de forma bastante acertada como antimodernos, se resistían a tales mejoras, a veces amargamente y lanzando dardos envenenados. Desde luego, el Concilio estaba compuesto por hombres, y las grandes reuniones de seres humanos toman decisiones a través de facciones y procesos políticos.

Karol Wojtyla asistió a todas y cada una de las sesiones del Concilio Vaticano II, y posteriormente se refirió a la gran deuda que tenía con el Concilio, que tuvo "un significado único e irrepetible para todos los que formaron parte de él", forjado por "la experiencia de una comunidad mundial".

El Concilio fue también una experiencia personal para Karol Wojtyla; existían antiguos lugares con los que reencontrarse o que descubrir. No sólo volvió a familiarizarse con Roma, sino que aceptó la sugerencia del Papa Pablo VI a los obispos de visitar Tierra Santa. Durante diez días de diciembre de 1963, Wojtyla recorrió los senderos que había caminado Jesús. En Belén, según escribió a los sacerdotes de Cracovia, "los obispos polacos entonaron unos cuantos villancicos polacos" en el portal de la Natividad, a petición de un anciano franciscano polaco que llevaba años trabajando en Jerusalén. Caminar por la costa galilea desde la que el apóstol Pedro había partido a la pesca del hombre le causaría honda impresión. La experiencia del Concilio en sí haría más profunda la comprensión de Wojtyla del oficio de Pedro. Él había visto al Papa Pío XII cuando era un joven sacerdote estudiante, pero el pontífice que le nombrara obispo era para él una figura remota. Ahora, colaborando con los Papas Juan XXIII y Pablo VI, y pasando varias horas al día en el interior de la basílica de San Pedro, a sólo unos cientos de metros de la tumba del apóstol, se sentía profundamente impresionado por lo que el oficio de Pedro significaba para la Iglesia, y por lo que dicha función exigía del hombre que lo ejercía.

El Concilio Vaticano II contaba con una jerga propia extraída en gran medida del latín, que era su lengua oficial. Se trataba de un ambiente de aprendizaje muy rico para cualquiera que estuviese interesado, y el "concilio informal" constituiría una importante contribución al debate de las ideas. En años posteriores, algunos participantes adoptarían una actitud crítica al volver la vista atrás, hacia el modo en que aquellas discusiones informales tendían a subordinar a los obispos a teólogos y eruditos bíblicos, quienes constituían una autoridad doctrinal paralela en la Iglesia. Algunos obispos, incluyendo Wojtyla, se aprovecharían de los conocimientos de distinguidos peritos religiosos, sin dejarse influir por ellos.

En la primera sesión, Karol Wojtyla se sumó a una acalorada controversia acerca de cómo debería entender la Iglesia la relación entre las fuentes de revelación divina, las Escrituras y la Tradición. Wojtyla argumentaba que el debate en su totalidad debía reestructurarse. El propio Dios es la única fuente de revelación. Mediante la insistencia en la autorrevelación de Dios en las Escrituras y en la Tradición, más que considerando la revelación como enunciado de proposiciones bíblicas o teológicas, Wojtyla estaba aplicando su personalismo a la interpretación de Dios por parte de la Iglesia y a la relación del propio Dios con el mundo.

Cuando los padres conciliares debatieron la renovación de la liturgia en la primera sesión, Wojtyla llevó a cabo una breve intervención que reflejaba su propia experiencia pastoral, instando a que el rito modificado del bautismo hiciera hincapié en la obligación de padres y padrinos de educar al niño en la fe. En el debate sobre la naturaleza y la misión de la Iglesia, Wojtyla presentó una intervención escrita en que se instaba a un énfasis más personalista y pastoral en la salvación de las almas, al tiempo que el Concilio se ocupaba de las implicaciones de la imagen de Pío XII de la Iglesia como cuerpo místico de Cristo. Además, proponía que quedara clara en cualquier documento eclesiástico la idea de una vocación laica distintiva, tratándose de una exigencia legítima de los hombres y las mujeres de esos tiempos, y reconocerla supondría ampliar un "sentido de responsabilidad hacia la Iglesia" dentro de la comunidad católica. Él se sumó al resto de la jerarquía polaca en la petición de un documento conciliar por separado sobre la santísima Virgen María, postura que el Concilio acabaría por rechazar por motivos teológicos y ecuménicos.

Durante la segunda sesión del Concilio, en otoño de 1963, Wojtyla intervino oralmente durante el debate sobre la Iglesia como "pueblo de Dios", sugiriendo que esa imagen se describiera sacramentalmente como análoga a la encarnación de Cristo. La Iglesia era una comunidad constituida por una "supernatural trascendencia" que la hacía única y le confería su particular misión en el mundo, que era la de enseñar a ese mundo que su verdadero destino residía en llevar a su término la historia, momento en que Dios lo sería todo. En una intervención escrita en el mismo debate, Wojtyla, el filósofo, argumentó que la "causa final", el propósito constituyente de la Iglesia era la santidad. Todo cristiano bautizado tiene vocación de santidad, por lo que ésta no es dominio exclusivo del clero o de la jerarquía, sino el destino de todos aquellos a quienes Cristo hubiera "santificado en la verdad". La santidad a que estaban llamados los cristianos, escribió Wojtyla, era nada menos que una "sublime participación en la mismísima santidad de la Trinidad".

Karol Wojtyla participó en las sesiones tercera (otoño de 1964) y cuarta (otoño de 1965), como arzobispo de Cracovia. En la tercera sesión presentó una extensa intervención escrita "en nombre del episcopado polaco", sobre el lugar de María en la *Constitución dogmática sobre la Iglesia*, y añadió una intervención personal, por escrito, en la que argumentaba que el capítulo sobre María no debía convertirse en el último documento, sino seguir inmediatamente al primero, sobre "el misterio de la Iglesia". Del mismo modo que María había alimentado el cuerpo de Cristo en su papel de madre, continuaba ahora alimentando en cuerpo místico de Cristo.

Finalmente, el Concilio volvería sus miras hacia la clase de régimen bajo el que el arzobispo Wojtyla y otros defensores de la libertad religiosa de Europa del Este se veían obligados a vivir, para denunciar a los gobiernos que "tratan por todos los medios de impedir a los ciudadanos el profesar su religión y les hacen la vida particularmente difícil y peligrosa a los organismos religiosos". En clara referencia a los grupos como Pax, en Polonia, que insistían en que asuntos "secundarios" como la libertad religiosa se subordinaran a la causa de la paz mundial, los padres conciliares coincidirían que era esencial "para establecer y fortalecer las relaciones pacíficas y la armonía en la raza humana..." que "se otorgue protección constitucional a la libertad religiosa en todas partes..." No podría existir una paz genuina sin libertad. Karol Wojtyla, crítico desde hacía mucho tiempo de la división de Europa, fraguada en la conferencia de Yalta, estaría completamente de acuerdo con esa posición.

Un segundo libro: *Persona y acción*

Ni siquiera un oyente tan asiduo como Karol Wojtyla podía permanecer durante horas en el aula conciliar, absorbiendo el interminable flujo de la retórica latina. Más tarde, Juan Pablo II confesaría que durante ese periodo había escrito infinidad de notas para ensayos y poemas; pero el principal resultado de esa reflexión paralela al Concilio fue un libro titulado *Osoba y czyn*, o *Persona y acción*.

Con este libro, Karol Wojtyla elevaría su proyecto intelectual a un nuevo nivel, al tratar de crear una filosofía plenamente desarrollada de la persona humana en la que sus interlocutores fueran los lectores. Pese a lo mucho que exige del lector, *Persona y acción* está planteado como una conversación. El libro se inicia con una larga y rica introducción en la que Wojtyla reflexiona sobre la naturaleza de la experiencia humana y sobre cómo conocen los seres humanos el mundo y la verdad de las cosas. El autor trata entonces de mostrar cómo nuestro pensamiento sobre el mundo y sobre nosotros mismos nos ayuda a entendernos precisamente como *personas*. "Mientras que es cierto que algunas cosas simplemente me suceden, tengo otras experiencias en las que sé que estoy tomando una decisión y actuando según ella. En tales experiencias llego a conocerme a mí mismo, no como un revoltijo de emociones y percepciones sensoriales, sino como una persona, un sujeto o, según la expresión clásica, la 'causa eficiente' de mis acciones. Ciertas cosas no me suceden simplemente. Yo soy el *sujeto*, y no meramente el objeto de las acciones. En esos casos yo hago que las cosas sucedan, porque tomo una decisión y luego actúo libremente de acuerdo con ella. Por lo tanto yo soy *alguien*, no simplemente *algo*".

Wojtyla nos muestra cómo, en la acción moral, ese alguien empieza a experimentar su propia trascendencia. Nuestra condición de persona, argumenta, está constituida por el hecho de que tengamos libertad, que llegamos a conocer a través de verdaderos "actos humanos". Al elegir un acto (pagar una deuda que he contraído libremente) en lugar de otro (no saldar mi deuda), no estoy simplemente respondiendo a condiciones externas (el temor a la cárcel) o a presiones internas (la culpa); estoy eligiendo libremente lo que es bueno. En esta libre elección también estoy ciñéndome a lo que sé que es bueno y verdadero; y en la libre elección de lo bueno y verdadero, dice Wojtyla, podemos discernir la trascendencia de la persona humana. Voy más allá de mí mismo, crezco como persona al comprender mi libertad, estrecho el abismo entre la *persona* que soy y la que debo ser.

La libertad, según la moderna interpretación, es la autonomía radical: "soy un yo porque mi *voluntad* es el principal punto de referencia para mi elección". Pero Wojtyla no está de acuerdo con este planteamiento; "es el *autodominio* y no la autoafirmación lo que es verdaderamente indicativo de la libertad humana, y yo logro el autodominio no al reprimir o suprimir lo que en mí es natural, sino al canalizar cuidadosa y libremente esos instintos naturales de mente y cuerpo en acciones que profundicen mi humanidad, porque se ajustan a las cosas tal como son". Los empiristas tratan de encontrar el "centro" humano en el cuerpo o en sus procesos. Los idealistas kantianos tratan de encontrarlo en la psique, en las estructuras de la conciencia. Wojtyla pasa por alto la discusión entre empiristas e idealistas al tratar de demostrar que en la acción moral, no en la psique o en el cuerpo, hallamos el centro de la persona humana, el núcleo de nuestra humanidad, pues es en la acción moral que la mente, el espíritu y el cuerpo llegan a formar la unidad que se llama *persona*.

Esta persona vive en un mundo con muchas otras personas. Así, pues, *Persona y acción* concluye con un análisis de la acción moral en conjunto con todos esos "otros" que constituyen el campo moral que en nuestra humanidad se comprende y se trasciende a sí misma, o crece. Aquí, la antropología filosófica de Wojtyla raya en la ética social: ¿Cómo deben las personas libres vivir juntas?... Como cabría esperar, Wojtyla asume una postura que va más allá del individualismo y del colectivismo. El individualismo radical supone una visión inadecuada de la persona humana, porque sólo crecemos en nuestra propia humanidad a través de la interacción con otros. El colectivismo no es realizable porque despoja a la persona de la libertad, y por tanto de su propia condición de persona. Una vez más, sugiere Wojtyla, la cuestión se plantea mejor en términos que consideren al individuo y al bien común simultáneamente.

Al desarrollar su teoría de la participación, Wojtyla analiza cuatro "actitudes" ante la vida en sociedad. Dos de ellas son inadecuadas para alimentar una sociedad verdaderamente humana. El "conformismo" no es auténtico, porque implica abandonar la libertad; los otros me controlan de tal manera que mi ser se pierde en el proceso. La "no participación" tampoco es auténtica, porque es solitaria; el desligarme de los otros da como resultado final la implosión de mi ser. La *oposición*, o lo que podría llamarse "resistencia", supone un enfoque auténtico de la vida en sociedad, siempre que implique resistencia ante costumbres o leyes injustas, con vistas a liberar la plena humanidad de otros. También está la *solidaridad*, que es la principal actitud auténtica hacia la sociedad, en la que la libertad individual se utiliza para servir al bien común, y la comunidad sostiene y soporta a los individuos a medida que se desarrollan, hasta que adquieren la verdadera madurez humana. *Es esta actitud* —escribe Wojtyla— *la que permite al hombre llegar a la plenitud personal al complementar a los otros.*

No tenía manera de saber, cuando escribió acerca de la solidaridad, que esa palabra se convertiría en la bandera bajo la cual cambiaría radicalmente la situación política de Polonia.

De Arzobispo a Cardenal

l 8 de marzo de 1964 el sacristán mayor de la Wawel traspasó con ceremonia la gran puerta oeste de la catedral, llevando un pequeño cofre de plata con las reliquias del mártir San Estanislao, que había sacado de su lugar habitual de descanso. Fuera, en el patio, esperaba el arzobispo electo, Karol Jósef Wojtyla, ataviado con la *cappa magna* y *mozetta* de armiño; besó el relicario que contenía los restos mortales de su predecesor, quien sería el primer obispo de Cracovia, y ascendió los peldaños para ser investido arzobispo. Uno de los canónigos le dio la bienvenida con un discurso que relataba la historia de la archidiócesis, y el decano le entregó las llaves de la iglesia. Al entrar en el santuario, el arzobispo electo tomó asiento en un trono provisional, mientras el canciller de la archidiócesis leía en voz alta la bula papal en la que se nombraba a Karol Wojtyla arzobispo metropolitano de Cracovia, primero en Latín y luego en polaco. El arzobispo se levantó, besó el altar y fue instalado en la silla episcopal, donde recibió sentado el homenaje de sus obispos auxiliares, así como del capítulo catedralicio, de los sacerdotes, los profesores del seminario, los superiores de comunidades religiosas y, finalmente, los jóvenes seminaristas, a quienes saludó con sincero afecto.

El obispo Wojtyla, de cuarenta y tres años y obispo número sesenta y ocho en una línea que se remontaba a los orígenes de Polonia, en el reinado de los Piast, predicó entonces a sus feligreses sobre lo que aquel día estaba sucediéndole a él mismo y a ellos.

Les dijo que él era hijo de la Iglesia de Cracovia: "Que me ha dado a luz como una madre da luz a su hijo". Pero aunque siguiera siendo un hijo, ahora era también el padre de ellos, nacido como arzobispo en ese día de la investidura: *Pedro, en la persona del Papa Paulo VI, me ha dicho: "Alimenta a mis ovejas". Tales palabras conllevan tremenda autoridad; extraen su fuerza de las palabras del propio Cristo cuando le dijera "Alimenta mis ovejas" al Pedro predecesor del Papa Pablo VI. De modo, mis queridos amigos, que me hallo ahora en el umbral de esa gran realidad expresada por la palabra "pastor". Y sé que es justo que esté aquí, que no hay otro medio de acceder a ella que a través de la puerta del redil que Cristo ha señalado, por así decirlo, a través de Pedro.*

Karol Wojtyla vivió en Cracovia durante exactamente cuarenta años, incluidos los cuatro años como obispo auxiliar, dos como líder de la archidiócesis y catorce como arzobispo. Desde el principio se produjo una considerable aceptación entre la ciudad y el hombre, entre la antigua sede y el joven obispo. Él era un verdadero intelectual polaco y Cracovia un centro intelectual del país, así como la capital de la cultura de Polonia desde mucho tiempo atrás. Él era un patriota polaco en una ciudad en la que la historia de la nación se atesoraba en la catedral y donde se podía leer la historia de la lucha polaca por la libertad en palacios, iglesias, calles y casas ante las cuales pasaba todos los días. Se trataba de un escritor que vivía en la cuna del mundo editorial polaco. Era, por adopción y convicción, un cracoviano, lo que significaba ser un europeo que vivía en el corazón de Europa.

Ser arzobispo de Cracovia, escribiría, era ser consciente de "un profundo sentido de responsabilidad", intensificado por "los grandes y elocuentes recuerdos del pasado", que seguían vivos en la archidiócesis. Si ese sentido de la responsabilidad no engendraba temor, era porque "tenía toda la confianza en Cristo Nuestro Señor y en Su Madre", y "una sincera confianza" en la gente a la que servía. La vida no era absurda, pues "Dios quiere que todos los hombres se salven y lleguen al conocimiento de la verdad".

Aquélla constituía tanto la fe de la Iglesia como su misión: ayudar a hombres y mujeres a comprender la dignidad de su naturaleza y la nobleza de su destino. Y, al llevar a cabo tal misión, él, como su obispo, "el primer servidor del bien común", esperaba que todos asumieran "la responsabilidad por la parte que la voluntad de Dios les haya dado".

Después de extraordinaria labor al frente de la feligresía de Cracovia, Pablo VI lo nombró cardenal en 1967, a la edad de cuarenta y siete años. Él era el primer obispo de Cracovia en la milenaria historia de la sede que no procedía de la aristocracia.

El "príncipe" cardenal Adam Sapieha fue siempre una inspiración para Karol Wojtyla; él llevó siempre bajo la negra sotana, un pectoral de oro que le había regalado Sapieha y en su despacho había varias fotografías del príncipe. Sin embargo, el enfoque de la política de Wojtyla como cardenal debía adaptarse a las nuevas circunstancias. Doce años después de la muerte de Sapieha, Cracovia era una diócesis enorme y en constante expansión, con un millón y medio de católicos.

Durante la década de los setenta, Karol Wojtyla se convirtió en uno de los clérigos más conocidos del mundo, si no para la prensa internacional, sí para sus colegas del alto liderazgo del catolicismo romano. La elección de Wojtyla para el Colegio Cardenalicio en 1967 intensificó su participación en asuntos internacionales católicos, que había iniciado durante el Concilio Vaticano II, donde el Papa Pablo VI había tenido oportunidad de observar el talentoso desempeño de Karol Wojtyla, habiendo incluso desarrollado un sentimiento de afecto hacia él, lo que, sin duda, influyó en su decisión.

A mediados de la década de los sesenta, el gobierno polaco había indicado a la Santa Sede que estaría interesado en la elección de un segundo cardenal en Polonia. La diplomacia comunista no destacaba por su sutileza, y la intención de llevar a cabo una estrategia de "divide y vencerás", escindiendo la Iglesia polaca entre el cardenal Wizynski y uno nuevo, no pasó inadvertida al Vaticano. Los comunistas, que ya habían llegado a la conclusión de que Wojtyla era peligroso, no lo tomaban en cuenta; por supuesto, Pablo VI sí lo tenía, y el 29 de mayo de 1967 se anunció oficialmente la candidatura de Wojtyla para el Colegio Cardenalicio. Tras protestar por la clausura del Teatro Rapsódico, asistir a la ponencia doctoral de su alumno y ayudante en las docencia Jerzy Galkowski y pasar un día de tranquila oración, el cardenal electo partió hacia Roma vía Viena, donde visitó al arzobispo de la ciudad Franz König.

En Roma, Karol Wojtyla recibió el capelo cardenalicio de manos de Pablo VI en la Capilla Sixtina, el 28 de junio. Aquella tarde, él y su secretario habían recorrido Roma en búsqueda infructuosa de unos calcetines rojos, que eran parte de la vestimenta adecuada de un príncipe de la Iglesia. Al regresar a Cracovia, el 9 de julio, dijo a miles de personas que lo esperaban en el exterior de la catedral que el honor que se le había otorgado era un obsequio del Papa "para la Iglesia de Cristo en Polonia".

Los cardenales son miembros del clero de la diócesis de Roma y reciben una curia como titulares de las iglesias de Roma. El "título" de Wojtyla sería San Cesareo in Palatino, una pequeña iglesia situada al final de la via Porta Latina. Los cardenales son también miembros de "congregaciones" y otros organismos de la curia romana, el equivalente de los gabinetes en el mundo gubernamental. Las reuniones de tales congregaciones llevarían a Wojtyla con frecuencia a Roma durante la década de los setenta. No obstante, sería su servicio en el sínodo internacional de obispos lo que introduciría de veras a Karol Wojtyla en el episcopado mundial posconciliar.

El camino hacia el papado

Giovanni Battista Montini, Papa Pablo VI, murió en la residencia de Castelgandolfo el 6 de agosto de 1978. El ritual que rodeaba la muerte del Papa siguió su curso habitual. El cardenal Villot, a quien el Papa había nombrado *camerlengo* de la Iglesia, certificó oficialmente la muerte del pontífice en presencia de tres testigos y el maestro papal de ceremonias. Los sellos del oficio de Pablo VI —el anillo del pescador y el sello de plomo bajo el que se despachaban sus documentos más formales— se rompieron y las dependencias papales del Palacio Apostólico quedaron selladas. El decano del Colegio Cardenalicio, Carlo Confalonieri, de ochenta y cinco años, y antiguo secretario de Pío XII, notificó a sus hermanos cardenales la muerte del Papa y exigió su presencia en Roma. El 12 de agosto se celebró el funeral en la Plaza de San Pedro, con el evangelio sobre el ataúd de madera de ciprés. Tras la misa, el ataúd de madera fue colocado en el interior de otro de plomo, que a su vez se situaría en el interior de un tercer ataúd de roble que sería sepultado como especificara el Papa Pablo VI, no en un sarcófago, sino en la tierra de la cripta de la basílica, no muy lejos de la tumba de San Pedro.

El cardenal Wojtyla se hallaba de vacaciones cuando murió Pablo VI, y regresó a Cracovia el 8 de agosto y a los pocos días partió hacia Roma. El 19 de agosto, en el periodo entre el funeral y la apertura del cónclave, el cardenal Wojtyla habló por Radio Vaticana sobre sus recuerdos de Pablo VI, relatando el intenso interés del Papa por la situación de la Iglesia polaca y el obsequio que le hiciera de una piedra de la tumba de San Pedro para los cimientos de la

Iglesia del Arca. Ante el ataúd expuesto en San Pedro, Wojtyla diría que Pablo VI se hallaba "en otra dimensión... está viendo otro rostro".

A causa de la avanzada edad y la mala salud del Papa Pablo VI, su muerte no fue una sorpresa para el Colegio Cardenalicio. La especulación acerca del cónclave llevaba tiempo en el aire, y para cuando los cardenales acabaron con casi dos semanas de cotidianas reuniones o "congregaciones" entre el funeral y la apertura del cónclave, el 25 de agosto, había empezado a formarse un consenso sobre la clase de Papa que se necesitaba. Aunque unos cuantos miembros del Colegio Cardenalicio opinaban que el Concilio Vaticano II había supuesto un grave error, pero la abrumadora mayoría creía que era un gran logro, cuya promesa no había llegado a cumplirse a causa de graves equivocaciones en su puesta en práctica. Ahora era preciso hacer un balance para comprobar cómo podía mejorarse esa implementación del Concilio. A medida que las conversaciones proseguían iría emergiendo otro consenso. La Iglesia necesitaba un Papa del diálogo, un hombre de vibrante personalidad pública, capaz de encarnar la apertura del catolicismo al mundo, y un Papa que supiera establecer una dirección teológica y pastoral clara. Esta última preocupación no se limitaba a los más ancianos, a quienes se les hacía difícil adaptarse a la Iglesia posterior al Concilio. Se hallaba entre las cuestiones más importantes para los cardenales africanos, que creían que sus jóvenes iglesias necesitaban un catolicismo doctrinalmente coherente y moralmente desafiante con vistas a su evangelización.

Uno de los más recientes cardenales de la Iglesia había llevado a cabo tres años antes un lúcido análisis de la situación posconciliar. Joseph Ratzinger, de cincuenta y un años, había sido ordenado arzobispo de Munich-Freising en mayo de 1977 e investido cardenal un mes más tarde. Ratzinger estaba convencido de que al Concilio había que reconocerle muchos logros significativos. Pero tras éste, el clima en la Iglesia se había tornado "enconado y agresivo". El sello distintivo de la cristiandad, la alegría, se hallaría singularmente ausente de muchos debates posconciliares... ¿Qué había sucedido?

Según Ratzinger, la Iglesia se había visto atrapada en una "crisis global de la humanidad en sí misma o, al menos, del mundo occidental". Pero la Iglesia no había respondido a esta crisis como podrían haber esperado los padres conciliares. ¿Acaso se habían visto atrapados ellos mismos por una interpretación en exceso optimista de lo que podía lograrse con el diálogo con el mundo moderno?... Ratzinger así lo creía. Cuando el clima cultural de los años sesenta pasó de la euforia ante las ilimitadas posibilidades del progreso evolutivo al desencanto de algunos y el entusiasmo revolucionario de otros, la Iglesia, sin nada a que aferrarse, se había visto arrastrada por la resaca de la época.

La cuestión crucial para una puesta en práctica efectiva del Concilio, y para el servicio de la Iglesia al mundo, opinaba Ratzinger, no radicaba en rediseñar las burocracias internacionales, nacionales y locales de la Iglesia. La cuestión era "si existían santos dispuestos a efectuar algo nuevo y vivo". A menos que el diálogo de la Iglesia con la modernidad fuera una expresión de la llamada universal a la santidad, la Iglesia se volvería un inevitable reflejo del espíritu de los tiempos, que en aquel momento de la crisis autodestructiva del humanismo no merecía la pena emular.

En palabras de Ratzinger, una vez más la Iglesia debía "atreverse a aceptar, con corazón alegre y sin disminución alguna, la insensatez de la verdad". Karol Wojtyla, quien decía que la palabra más importante de las Escrituras era "verdad", seguramente estuvo de acuerdo con esta expresión.

Los cardenales electores llevaban a cabo el solemne juramento de proteger la confidencialidad del cónclave. Algunos creían haber jurado no decir nada sobre lo sucedido desde su reclusión en el cónclave hasta su conclusión. Otros consideraban que el juramento de secreto implicaba no revelar nada sobre la votación en sí, pero que podían discutir otras cuestiones surgidas en el cónclave. En realidad, Pablo VI fue siempre categórico respecto de la confidencialidad, en parte a causa de su preocupación de que los gobiernos pudieran tratar de manipular las elecciones. Sin embargo, las mismas circunstancias que él mismo había creado, respecto de la edad de los votantes, contribuirían a crear filtraciones. Los cardenales con derecho a voto, conscientes del malestar de los excluidos por la limitación de edad de ochenta años, discutían entre ellos cuestiones relativas al cónclave. Estos cardenales ancianos, a quienes no obligaba el juramento de confidencialidad, hablarían a su vez con amigos y periodistas. Los cónclaves de 1978 serían, por tanto, los más divulgados de la historia, y la tarea de tamizar todos los relatos mientras se sopesa la credibilidad de las diversas fuentes, resultaba casi desalentadora.

En la cuarta ronda del concilio, el 26 de agosto, el cardenal Alberto Luciani, de Venecia, fue elegido como nuevo pontífice.

Luciani era un hombre de gustos sencillos, profunda bondad, considerables aptitudes como catequista y una timidez encantadora que lo volvía carismático. En sus audiencias utilizaba la forma singular del pronombre personal, en lugar del "nos" mayestático. Se negó a ser coronado, inició su pontificado con una simple ceremonia de investidura y mantuvo como lema de su escudo de armas papal la palabra que había ostentado en el de obispo: *humilitas*. Bromeó con los reporteros en su primera audiencia de prensa y hacía que los niños se le acercaran en la sala de audiencias durante sus discursos, para poder interrogarlos y confirmar con ellos sus afirmaciones. Citando al Papa Gregorio el Grande, le pediría a la gente de Roma: "Arrojadme un salvavidas de oración, no sea que me ahogue". Al principio se había negado a usar la silla gestatoria, hasta que se generalizó la queja de que las multitudes no podían verlo. Juan Pablo I era un Papa que irradiaba confianza y alegría; sin embargo, era un hombre enfermo cuando resultó elegido. Tenía un largo historial de problemas circulatorios y las presiones del papado aumentaron su padecimiento. El hecho de no estar familiarizado con la labor de la burocracia central de la Iglesia supondría un enorme peso para él y, según algunos, recibiría poca ayuda del personal permanente para adaptarse a su nueva situación. Había aceptado el papado como un acto de obediencia a lo que creía la voluntad de Dios, pero la carga era demasiado pesada para él.

A primera hora de la mañana del 29 de septiembre de 1978, una de las hermanas de la casa pontificia encontró al Papa Juan Pablo I muerto en su lecho, donde la madrugada anterior había sido víctima de un infarto masivo. La Iglesia se hallaba una vez más en crisis.

Karol Wojtyla recibió la noticia en Cracovia, y el primero de octubre pronunció un sermón funerario en la Iglesia de Mariaki, en el que destacó "el frescor y la originalidad" de Juan Pablo I, como recordaría el padre Malysiac, aquel día Wojtyla parecía "una persona diferente". El sermón no era una simple elegía para el Papa muerto; aquella mañana Wojtyla parecía un hombre que luchaba consigo mismo.

El 16 de octubre de 1978, Karol Wojtyla se convertiría en Juan Pablo II.

¡Habemus Papam!

l día 3 de octubre, Karol Wojtyla y el cardenal Wyszinski partieron a Roma, y unas horas después estaban frente al féretro de Juan Pablo I. En esos momentos ya se habían abierto las inquietudes acerca de la sucesión papal, y se había renovado la discusión acerca de un Papa no italiano. El desarrollo de las discusiones era en el siguiente sentido: Un europeo occidental era improbable, porque en esta región la Iglesia estaba dividida en dos facciones posconciliares y elegir a alguien de una de ellas causaría problemas con la otra. Un Papa del Tercer Mundo, como el cardenal Pironio, de Argentina, era una posibilidad, aunque él tenía una clara raíz italiana, por lo que sería prácticamente lo mismo que un Papa italiano. Como es lógico, todos los ojos se volvieron hacia Karol Wojtyla, que era un europeo "de otro mundo". La Iglesia polaca era particularmente sólida en un momento en que la Iglesia universal se hallaba en crisis. A Wojtyla se le conocía en todo el mundo y, además, era un experto en la diplomacia con los comunistas. El aspecto más persuasivo de la candidatura de Wojtyla, sin embargo, residía en sus antecedentes como obispo diocesano. Una vez que la ruptura psicológica con la supuesta inevitabilidad de un papado italiano había tenido lugar, ese historial debió constituir un factor crucial en el rápido surgimiento de Wojtyla como candidato del segundo cónclave. Había mostrado que aún era posible el liderazgo en medio de la tensión y la confusión posconciliares y en contra de las presiones externas. Según el cardenal König, que Wojtyla hubiera tenido "experiencias pastorales reales", era lo que lo había hecho *papabile*.

La candidatura de Wojtyla se volvió irresistible en la cuarta y última votación del 16 de octubre. Aproximadamente a las 5 de la tarde se les dijo formalmente a los cardenales lo que ya todos sabían: que el cardenal Wojtyla había reunido los votos necesarios para ser elegido Papa. En cierto punto del recuento, Wojtyla se llevó las manos a la cabeza. El cardenal Hume recuerda haber sentido "una desesperada tristeza por aquel hombre". Jerzy Turowicz escribiría más tarde que, en el momento de la elección, Karol Wojtyla estaba tan solo como pueda estarlo un hombre, pues ser elegido Papa significaba "una clara ruptura con la vida anterior de uno, sin posibilidades de retorno". El cardenal König, máximo responsable de promover la candidatura de Wojtyla, se sintió "muy ansioso por saber si aceptaría o no".

Cuando el cardenal Jean Villot, quien en su sermón *pro elegendo pontifice* dijera a los cardenales que "debían elegir un novio para la Iglesia", se plantó ante el estrado de Wojtyla para preguntarle *Acceptasne electionem*, él no titubeó. Karol Wojtyla estaba al tanto de la relevancia de aquellos tiempos y del peso de la responsabilidad que recaía sobre sus hombros, pero sintió que aquella elección era la voluntad de Dios. Y por lo tanto, "en la obediencia de la fe ante Cristo, mi Señor, abandonándome a la Madre de Cristo y a la Iglesia, y consciente de las grandes dificultades... *accepto*". A la segunda pregunta ritual de por qué nombre se le conocería, respondió que, debido a su devoción por Pablo VI, y a su afecto por Juan Pablo I, se le conocería como Juan Pablo II. El Sacro Colegio Cardenalicio estalló en aplausos, y el nuevo Papa fue conducido hacia un tramo de peldaños que descendían a un pequeño vestidor de la Capilla Sixtina, donde se habían dispuesto las tres sotanas blancas de rigor en tres tallas. A este vestidor se le conoce como "el lloradero", a causa de la gran emoción que embarga a quienes lo usan. Es posible que también Juan Pablo II derramara sus lágrimas en esos momentos; pero regresó con paso enérgico a la Capilla Sixtina para recibir el homenaje de los cardenales, y de inmediato rompió la tradición por primera vez. Cuando el maestro papal le indicó que se sentara frente al altar para la ceremonia, Juan Pablo II replicó: "Recibiré a mis hermanos de pie".

El cardenal Felici salió a dar el anuncio, como lo había hecho semanas antes: *Annuntio vobis gaudium magnum: ¡Habemus Papam!* Le respondió el clamor de la multitud; al restablecerse el silencio, Felici prosiguió: *...sanctae romanae Ecclesiae cardinalem Wojtyla, qui sibi nomen imposuit Ioannem Paulum Secundum.*

La situación no fue como en agosto, cuando la multitud, en su mayoría formada por romanos, había prorrumpido en vítores desde el momento en que Felici anunciara la elección de Albino Luciani. Ahora el ambiente era de inquietud, pues bien se percibía que el nuevo Papa no era italiano. Juan Pablo II se percató de la tensión, se adelantó al micrófono, apartó al nervioso maestro de ceremonias y

"...Y consciente de las grandes dificultades ...aceptó"

rompió una vez más con la tradición al dirigirse a la multitud en lugar de darles simplemente la bendición apostólica en latín, como dictaban las costumbres. En un claro y sonoro italiano, se presentó a su nueva diócesis:

¡Alabado sea Jesucristo!

Mis queridos hermanos y hermanas...

La multitud comenzó a vitorearle al escuchar su propia lengua e intuir la buena voluntad del que hablaba, por lo que lo instaron a continuar.

Todavía lloramos la muerte de nuestro querido Juan Pablo I. Y ahora los eminentes cardenales han llamado a un nuevo obispo de Roma. Lo han llamado de un país lejano, sí, pero siempre cerca a través de la comunión de la fe y la tradición cristiana...

Temía recibir este nombramiento, pero lo he hecho en el espíritu de obediencia a Nuestro Señor Jesucristo y con plena confianza en Su Madre, la Santísima Virgen.

No sé si me expreso con claridad en vuestra... en "nuestra" lengua italiana. Si cometo un error, ustedes me lo corregirán

La multitud prorrumpió en vítores aún mayores. Quedaba una última cosa que hacer. Establecida la relación de comunicación, había que proclamar un tema. Nadie que le conociera podía dudar de que se trataría del humanismo cristiano:

Y de este modo me presento ante todos ustedes para confesar nuestra fe común, nuestra confianza en la Madre de Cristo y de la Iglesia, y también para emprender de nuevo este camino de la historia y de la Iglesia, con la ayuda de Dios y con la ayuda de los hombres.

La televisión polaca, controlada por el estado, no hizo el anuncio hasta varias horas después de que se recibiera la noticia de la elección de Wojtyla, seguramente a causa del estudio político acerca de la postura que debía adoptar el partido comunista. Entretanto, la noticia había llegado por la vía telefónica a la Curia Metropolitana de Cracovia y, como recuerda el padre Stanislaw Malysiak "se difundió como reguero de pólvora". Una gigantesca celebración espontánea haría erupción en la ciudad a medida que se corría la voz. Las campanas de la Iglesia de Mariacki comenzaron a sonar, luego lo hicieron las de la catedral de Wawel, incluida la enorme campana de Segismundo, que teñía tan sólo en ocasiones muy especiales. La gente se precipitaba en las calles con velas encendidas y flores, haciendo ondear banderas polacas, llorando y abrazándose unos a otros.

La reacción de la prensa mundial a la elección de Wojtyla se centraría, como era natural, en la novedad de un Papa no italiano. El hecho de que Juan Pablo II fuese polaco sería de gran interés para los medios de comunicación, y enjambres de reporteros acudirían a Cracovia y a Wadowise en busca de una historia oculta de aquel Papa de tan exóticos orígenes, y cuya vida anterior al papado era tan distinta a la de sus predecesores. Pese a los informes inexactos, pero difundidos sobre la postura de Wojtyla con respecto al régimen polaco, ciertos comentaristas comenzarían a intuir que la elección de un Papa eslavo, un polaco, podría tener consecuencias inesperadas en la guerra fría. La agencia soviética KGB ordenó la confección de un estudio especial sobre cómo había sido elegido Wojtyla y lo que se podría esperar de su política.

Una nueva vida

El papado no se parece a ningún otro cargo en el mundo, y no únicamente por su longevidad institucional. Se llama al Papa "Sumo Pontífice", del latín *pontifex* (constructor de puentes). Se trata, simbólicamente, de un puente entre Dios y la humanidad, ente la Iglesia católica romana y otras instituciones religiosas, entre el centro de la unidad de la Iglesia y el colegio de obispos, disperso en iglesias locales en todo el mundo. En tanto que custodio de una tradición docente autorizada, el Papa es también, de acuerdo con la teología cristiana, un "puente" entre humanidad histórica y la verdad sobre su origen, naturaleza y destino.

Ser Papa supone aceptar una tarea que, por definición teológica concreta, es imposible. Como todo cargo de la Iglesia, el papado existe para la santidad. El cargo, no obstante, es una labor que se

El Papa es un siervo de la Iglesia... no su señor.

inserta en el tiempo y en el espacio, y la santidad es eterna. Ningún santo, ni siquiera un Papa que lo sea, puede satisfacer por completo las exigencias del cargo. Y sin embargo, de acuerdo con la fe de la Iglesia, el cargo es voluntad divina y, por tanto, no es falible, aunque la persona que lo detente nunca esté a la altura. Esta distinción entre el cargo y la persona supone un alivio para el Papa. El cargo refleja la unidad de la persona y su misión en Jesucristo, de quien el Papa es vicario. Erigirse en cabeza de la Iglesia católica romana y estar presente para todas las comunidades donde el Papa actúa como "puente", es una tarea sumamente compleja. Su complejidad inherente se ve aumentada por el hecho de que el Papa no es un monarca absoluto, aunque mucha gente crea equivocadamente lo contrario. Durante el Concilio Vaticano II, Pablo VI propuso que la *Constitución dogmática sobre la Iglesia* incluyera la frase de que el Papa "sólo es responsable ante Dios". La propuesta fue rechazada por la comisión teológica del concilio, señalando: "el pontífice romano también está ligado a la propia revelación, a la estructura fundamental de la Iglesia, a los sacramentos, a las definiciones de concilios anteriores y a otras obligaciones, cuyo elevado número impide mencionar". De lo anterior se desprende que el poder del Papa está acotado y que no puede tomar decisiones a su arbitrio, él es un siervo de su Iglesia, no su señor.

Pontífice diplomático

Una de las primeras expresiones del internacionalismo de Juan Pablo II, fue su decisión de pasar su primera Navidad como pontífice en Belén. La idea produjo consternación en la Secretaría de Estado. Belén estaba en la franja Oeste, un territorio muy disputado desde la guerra árabe-israelí de 1967. La Santa Sede no tenía relaciones diplomáticas completas con ninguno de los Estados en pugna. La visita sería, pues, una verdadera pesadilla logística. El Papa no podía llegar a Belén como simple peregrino. Juan Pablo II acabó retirando la propuesta, pero dejó marcada la pauta de que su política internacional iba a ser completamente diferente de la de sus predecesores. Juan Pablo II creía que el estatus excepcional de la Santa Sede en el derecho internacional y la práctica diplomática jugaban a favor de la Iglesia. El Estado Vaticano garantizaba la libertad de la Iglesia, pero no concebía la política como un fin institucional, sino como un medio para lograr la verdadera meta del ministerio de Pedro: la evangelización. Sin embargo, los medios comunistas se agitaron ante la iniciativa internacionalista de un Papa que, además, provenía de un país en el que no se había logrado la reducción del catolicismo.

Las reacciones soviéticas iniciales a la noticia de la elección de Karol Wojtyla fueron discretas, teñidas, incluso, de cierto optimismo. El semanario político *Novoe vremya* daba a entender que el nuevo Papa proseguiría las políticas de Juan XXIII y de Pablo VI, diciendo que "la experiencia lamentable de Pío XII demuestra que el anticomunismo es un callejón sin salida para la Iglesia". La elección de Wojtyla debía entenderse como una derrota de los cardenales italianos que querían retrasar la puesta en práctica de los proyectos humanísticos del Concilio Vaticano II.

Sin embargo, el buen humor no era más que una mascarada pública, y en el seno de la jerarquía soviética había una gran preocupación. Yuri Andrópov, jefe de la KGB, se daba cuenta que las cosas habían cambiado, y que aquel cambio no era positivo para los intereses de la Unión Soviética, en las condiciones de la guerra fría. Con objeto de orientar la política soviética respecto del Estado Vaticano, Andrópov encargó un análisis de la elección a la sección primera de la KGB. En este informe se concluía que Wojtyla había sido elegido por efecto de una conspiración germano-estadounidense, en el que los papeles clave correspondían al arzobispo polaco-americano de Filadelfia, el cardenal John Krol, y a Zbigniew Brzezinski, consejero de Seguridad Nacional del presidente Jimmy Carter. Supuestamente, el objetivo del plan era la desestabilización de Polonia, como primer paso para la desintegración del Pacto de Varsovia.

Los soviéticos estudiaban las medidas para contrarrestar el supuesto plan de injerencia del nuevo Papa en los países con gran población católica. Una de las propuestas consistía en advertir discretamente a la Santa Sede que una campaña "hostil" de su parte aumentaría la represión de las instituciones religiosas en el Centro y el Este de Europa. Otros analistas indicaban que "la posibilidad de una mejora en las relaciones con el clero católico de Lituania, Ucrania y Bielorrusia es digna de estudio", a fin de impedir el asalto "ideológico" que probablemente protagonizara Wojtyla.

Karol Wojtyla no accedía al papado con un plan para desmantelar la Unión Soviética o su imperio externo. Su postura era el dar testimonio público de la verdad sobre la condición humana, con base en el Evangelio; las inferencias políticas que se deducían del Evangelio no podían soslayarse, y Juan Pablo II no dudó en enfatizar tales inferencias, por incómodas que fueran para los detentadores del poder en el mundo.

La negativa de Juan Pablo II a aceptar la división europea que había surgido a partir de la conferencia de Yalta suponía un desafío frontal a la estrategia soviética de la posguerra. Desde el punto de vista soviético el asunto era ya delicado de por sí, y un Papa eslavo, capaz de dirigirse en su propio idioma a la inquieta población del imperio soviético, era una pesadilla para el Kremlin. Juan Pablo II evitó toda condena directa del marxismo-leninismo, que lo

Juan Pablo II no pretendía desmantelar la U.R.S.S.

habría expuesto a la acusación de ser un político aliado de Occidente. Además, su tenaz insistencia en la libertad religiosa atacaba el núcleo del proyecto histórico comunista: la afirmación de que el comunismo era el verdadero humanismo del siglo XX, y la única manera de liberar a la humanidad, tanto en lo objetivo como en lo subjetivo.

México y el comienzo de la gran apertura

l 22 de diciembre, durante un encuentro navideño con el Colegio Cardenalicio, Juan Pablo II anunció su deseo de viajar a México el mes siguiente, visitar el santuario de la Virgen de Guadalupe, y participar en la III Conferencia del Episcopado Latinoamericano (CELAM). Ésta sería la primera peregrinación pastoral de Juan Pablo II al extranjero, y tenía un especial significado, pues el Vaticano no tenía relaciones diplomáticas con el gobierno mexicano, que seguía manteniendo una política anticlerical, herencia de los gobiernos posrevolucionarios. Por otro lado, la

El 26 de enero de 1979, Juan Pablo II pisó por primera vez suelo mexicano.

voz del Papa sería particularmente significativa en la CELAM, dada la tendencia de los clérigos latinoamericanos a la "teología de la liberación", en la que el catolicismo se inclinaba hacia la izquierda.

Cuando los obispos mexicanos invitaron a Juan Pablo II a visitar su país durante la asamblea de la CELAM, en Puebla, la Secretaría de Estado vaticana tuvo en sus manos un problema delicado que resolver, y éste fue solucionado por medio de la diplomacia personal. El conducto de esta negociación fue el padre Marcial Maciel, fundador de los Legionarios de Cristo, un movimiento clerical nacido precisamente en México. Maciel se acercó a la madre y las hermanas del presidente José López Portillo y consiguió que éste enviara una invitación al Papa, lo que era una trasgresión a la ideología anticlerical que se mantenía en el gobierno. El presidente López Portillo se impuso a las protestas internas, estipulando en su invitación que el Papa no sería recibido como Jefe de Estado, y que necesitaría un visado igual al de cualquier otro visitante.

El 26 de enero de 1979, después de oficiar misa y pasar la noche en Santo Domingo, República Dominicana, Juan Pablo II llegó a México en un jet de Alitalia. Se arrodilló, besó el suelo mexicano y volvió a incorporarse para recibir el saludo del presidente de la República, quien, ante el entusiasmo popular, había decidido recibir personalmente al pontífice, aunque de manera "no oficial". Juan Pablo II fue trasladado al centro de la ciudad, y después de celebrar misa en la catedral, se dirigió a la multitud que llenaba la Plaza de la Constitución. Por la tarde visitó a López Portillo, en la residencia de Los Pinos, conoció a la madre y las hermanas del presidente y bendijo la capilla que ellas habían instalado en la casa.

El 28 de enero, en Puebla, el Papa se dirigió a la asamblea general de la CELAM, abordando la cuestión candente de la posición de la Iglesia latinoamericana después del Concilio Vaticano II, del que, en ésta área del mundo, se

114

había generado una corriente humanista que parecía cercana al marxismo. Esta corriente era llamada, "teología de la liberación", lo que era una manera de generalizar un conjunto de convicciones que se habían asumido como una orientación propia de la Iglesia latinoamericana, donde se había considerado como "tibio" el reformismo del Concilio Vaticano II, que preveía una transformación gradual de las estructuras sociales, económicas y sociales bajo el impacto del diálogo del humanismo cristiano con la modernidad. Los obispos latinoamericanos preferían una estrategia más directa y hasta revolucionaria, inspirada en las categorías marxistas del análisis social y económico. Con esta orientación, las estructuras sociales opresivas debían ser derrocadas mediante la lucha de clases y la Iglesia tomaría un papel preferente por los pobres, creando "comunidades de base" cristianas, donde los pobres aprenderían a entender su condición de víctimas creando un nuevo estilo de vida inspirado en Jesucristo, asumido como el verdadero redentor, en el sentido de "liberador".

La teología de la liberación había realizado algunas puntualizaciones importantes. En América Latina la Iglesia tenía una deuda ancestral con los pobres; el hecho de haber estado aliada demasiado tiempo con la oligarquía la había alejado del pueblo. La teología de la liberación proponía la idea de que la renovación católica se haría de abajo a arriba, vinculando la liturgia de la Iglesia y la celebración de los sacramentos a la vida diaria del pueblo. La tarea de Juan Pablo II consistía en distinguir las peculiaridades de la interpretación latinoamericana de las propuestas del Concilio Vaticano II, tratando de zanjar las diferencias que pudieran lesionar la estructura católica.

Después de la misa, Juan Pablo II se dirigió a los obispos latinoamericanos en una sesión cerrada al público y a la prensa. Su largo discurso, uno de los más importantes de su pontificado, fue la madura reflexión de un hombre que, desde su juventud, había lidiado con la cuestión moral de la violencia revolucionaria como respuesta a la injusticia social. En unas palabras profundamente personales, pero al mismo tiempo institucionales, Juan Pablo II expuso la teología de la liberación implícita en su obra de teatro *El hermano de nuestro Dios*, interpretada a través del humanismo cristiano del Vaticano II.

Empezó diciendo que venía "como hermano que va a ver a unos hermanos muy queridos", lleno de admiración por lo que habían conseguido los obispos de América Latina en sus dos primeras asambleas generales, la de Río de Janeiro, en 1958, y la de Medellín, en 1968. La gran ventaja de los obispos que habían ido a Puebla "no como un simposio de expertos, ni como un parlamento de políticos, ni como un congreso de científicos o tecnólogos, sino como... pastores de la Iglesia". En tanto que pastores, su "deber principal" era "ser maestros de la verdad", porque la verdad era el fundamento de toda acción humana verdaderamente liberadora.

La verdad encomendada a los obispos era "la verdad sobre Jesucristo" que constituía el centro de la "nueva evangelización" sobre la que reflexionaba la CELAM en Puebla. La verdad sobre Jesucristo no era una abstracción teológica, y que de ella saldrían "decisiones, valores, actitudes y modos de comportarse" que podrían crear "a gente nueva y a una nueva humanidad" a través de una vida radicalmente cristiana. La verdad fundamental sobre Jesucristo seguía siendo la que había confesado Pedro: "Tú eres el Cristo, el Hijo del Dios vivo". Eso era lo que predicaba la Iglesia. Se trataba de "el único evangelio", cuyas "relecturas" a través de filtros ideológicos se oponían a una liberación auténticamente cristiana. Entre muchas relecturas figuraba una con la que se habían familiarizado en los últimos años: era la imagen de "un Jesús políticamente comprometido", alguien que luchó contra la opresión romana y las autoridades; alguien involucrado en la lucha de clases. Esa idea de Cristo como revolucionario, como subversivo de Nazaret, no concuerda con la catequesis de la Iglesia... Los evangelios nos muestran claramente que Jesús no aceptaba la postura de aquellos que mezclaban los asuntos de Dios con actitudes meramente políticas. Rechaza sin ambigüedades el recurso de la violencia. Abre a todos su mensaje de conversión.

La auténtica liberación se encuentra en la salvación que ofrece Cristo, una liberación mesiánica que se obra "transformando, conciliando, perdonando y reconciliando el amor". Era ésa la fe que había dado forma a América Latina, a "sus prácticas religiosas y su piedad popular", y también era la fe que debía seguir animando, con todas sus energías, el dinamismo del futuro de América Latina; cualquier otra relectura de la Iglesia vaciaba al Evangelio de su poder, y a la propia Iglesia de su carácter distintivo. El "Reino de Dios" no podía reducirse al "mero cambio de estructuras" de la sociedad, porque el reino politizado y secularizado devalúa la libertad que busca toda persona.

El marxismo no podía hacer por la teología cristiana lo que había hecho Aristóteles por Santo Tomás de Aquino, ya que la visión marxista de la persona humana fallaba por su base, y ese "error antropológico" impregnaba la política y la economía del marxismo. Contra la reducción materialista del humanismo que suponía el marxismo, la Iglesia proponía la verdad de que "el hombre es la imagen de Dios y no puede reducirse a mero componente de la naturaleza, ni a elemento anónimo en la ciudad humana". El humanismo cristiano, "verdad completa sobre el ser humano" era el fundamento de la doctrina social de la Iglesia, donde hombres y mujeres no eran las víctimas de fuerzas históricas o económicas impersonales, sino forjadores de sociedad, economía y política.

La tarea de los obispos, como pastores y maestros de la verdad era "defender la dignidad humana como valor del Evangelio que no puede despreciarse sin ofender gravemente al Creador". Defendiendo la libertad religiosa,

117

protestando contra la coacción y la tortura, promoviendo el derecho de participación en la vida pública, la Iglesia "no necesita recurrir a sistemas ideológicos para amar, defender y colaborar en la defensa del hombre". Le basta con mirar a Cristo. La causa de la Iglesia era una liberación completa de la familia humana, porque era la causa de Cristo. Como siempre, el futuro estaba en manos de Dios, que a su vez había puesto ese futuro en manos de los obispos, "con nuevo ímpetu evangelizador". "Id, pues —terminó diciendo Juan Pablo II—, y haced discípulos a toda la gente".

Juan Pablo II volvió a Roma el primero de febrero, y lo primero que hizo fue ir a San Pedro a rezar. Hacía tiempo que Karol Wojtyla había decidido que su destino no estaba en sus manos, y una vez tomada la decisión no era persona que se inquietara por lo que pudiera haber sucedido. Sin embargo, aquella primera prueba internacional de su pontificado le había dado motivos para temer por su capacidad personal para ser la clase de testigo público que a su juicio debía ser el Papa. Además, la CELAM era un reto formidable, porque lo que se decidía en Puebla era nada menos que el legado del Vaticano II en América Latina. Pero ya tenía la respuesta; muchos obispos latinoamericanos habían agradecido sus palabras, además de que la reacción popular había sido abrumadora. Al despegar de la ciudad de México, el Papa había visto refulgir la urbe entera con chispazos de luz, debido a que millones de mexicanos habían puesto espejos al sol para reflejar sus rayos en dirección al avión. Juan Pablo II había puesto a prueba con éxito la posibilidad de un papado evangélica y apostólicamente firme. Había llegado la hora de la primera encíclica, aquella donde el Papa expondría el humanismo cristiano que constituiría el programa de todo su papado.

De nuevo tras la cortina

E n 1979, Karol Wojtyla regresó a su país natal convertido en Juan Pablo II. El recibimiento fue un acto masivo más importante que hubiera ocurrido jamás en Varsovia.

La Varsovia reconstruida era una ciudad gris y sombría, lo que se ajustaba al estado de ánimo de sus habitantes. La visita del Papa había devuelto la vida a la ciudad, visual y espiritualmente. Miles de peregrinos habían sido acogidos en hogares de gente que no los conocían; las iglesias habían permanecido abiertas toda la noche para dar cobijo a quienes lo necesitaban. Desde el aeropuerto hasta el centro de la ciudad, cientos de miles de personas se habían apostado a ambos lados de la ruta agitando banderas polacas y vaticanas. La ciudad había sido engalanada con adornos de confección casera. A lo largo de las calles que recorrería Juan Pablo II, las ventanas y los porches de los monótonos bloques de pisos se habían convertido en capillas y altares, cubiertos de flores, banderas y retratos del Papa. Al lento paso de la comitiva se lanzaron ramos de flores, al tiempo que la multitud prorrumpía en canciones, vítores, e incluso lágrimas. El 2 de junio de 1979, tres millones de polacos, el doble de la población normal de Varsovia, habían acudido a ver a su compatriota Karol Wojtyla.

Se habían emitido doscientas treinta mil entradas para la misa. Trescientas mil personas se hacinaban en la plaza de la Victoria, mientras que cerca de un millón se encontraban en los alrededores. El Papa y el primado Wyszynski caminaron lentamente por la plaza hasta la tumba del Soldado Desconocido. Una pareja joven obsequió al Papa un ramo de flores, que Juan Pablo II depositó sobre la tumba antes de arrodillarse y rezar en silencio. Después se retiró a vestirse para la misa.

El acto al que asistieron el cuerpo diplomático de Varsovia y representantes de la Iglesia luterana, reformada, ortodoxa, metodista y baptista; empezó con un saludo del primado, quien proclamó que la unidad nacional había sido consumada... *Santo Padre, en el día de hoy la capital se une en oración bajo la guía del jefe de la Iglesia católica romana, el vicario de Cristo en la tierra, apóstol de Cristo y de su Evangelio, mensajero de paz y amor, un hijo de Polonia elegido por Dios.*

Después de la proclamación del Evangelio, un profundo silencio se adueñó de la multitud. Karol Wojtyla contempló el mar de rostros expectantes, hizo una pausa y comenzó a pronunciar uno de los mensajes más sentidos de su vida. Este día, dijo, quería "entonar un himno de alabanza a la Divina Providencia", que le había permitido volver a casa "como peregrino". Cumplía el deseo del Papa Pablo VI, que "había deseado ardientemente pisar el suelo de Polonia"; que su deseo había excedido "la duración de un pontificado". Una vez elegido, él "había entendido de inmediato" que lo habían escogido para cumplir aquel propósito de Pablo VI durante las celebraciones del milenio, en 1966.

Su peregrinación papal era una prolongación de aquellos festejos, porque había venido por el aniversario del martirio de San Estanislao, y aquel acontecimiento, en 1079, había sido el fruto de la conversión de Polonia, acaecida en 966. El testimonio de San Estanislao, su resistencia a la tiranía de un poder estatal autocrático, se habían convertido en una "señal especial de la peregrinación que hacemos los polacos por la historia de la Iglesia".

¿Por qué había sido llamado un polaco a la silla de Pedro?... ¿Quizá porque las terribles pruebas del siglo XX habían convertido a la Polonia contemporánea en "el país de un testimonio especialmente responsable"? Más adelante, el Papa insistió en que los polacos tenían derecho a pensar "con singular humildad, pero también con convicción" que en nuestros días era a Polonia donde "debía irse, para leer de nuevo el testimonio de la Cruz y de la Resurrección".

La multitud salmodió rítmicamente: "Queremos a Dios, queremos a Dios".

Era, prosiguió Juan Pablo II, vigilia de Pentecostés; momento de volver, mediante la imaginación, a la "estancia superior" de Jerusalén. En ella los apóstoles y María habían esperado al Espíritu Santo, a fin de poder ser los testigos de Cristo hasta los confines de la Tierra. Pentecostés, la festividad del descenso del Espíritu Santo, era también "el aniversario de la fe y de la Iglesia en nuestro país, Polonia". Al igual que los apóstoles, imbuidos por el Espíritu Santo, habían salido de la Estancia Superior y predicado en lenguas extranjeras, así Pentecostés era también "la proclamación de las obras poderosas del Señor en nuestro idioma polaco. La más poderosa de esas obras era la persona humana, redimida por Cristo. *Así, pues, Cristo no puede ser apartado de la historia del hombre en parte alguna del globo, en ninguna latitud ni longitud de la geografía. La exclusión de Cristo de la historia del hombre es un acto contrario al hombre mismo. Sin Cristo es imposible entender la historia de Polonia, sobre todo la historia de la gente que ha pasado o está pasando por este país.*

Por eso había venido a Polonia: a reafirmar que "Cristo no deja de enseñar la gran causa del hombre", porque Cristo era "un libro siempre abierto sobre el hombre, su dignidad y sus derechos". Aquel día, en la plaza de la Victoria, el Papa y sus compatriotas pedían en la suprema oración de la misa, *que Cristo no deje de ser para nosotros un libro abierto de vida para el futuro, para nuestro pueblo polaco.*

"Cristo no deja de enseñar la gran causa del hombre".

Solidaridad y *Solidarnosc*

Cuatrocientos cuarenta y ocho días después de que Juan Pablo II hubiese dejado Polonia, un electricista polaco, llamado Lech Walesa, firmaba un acuerdo en el astillero Lenin de Gdansk, en el que el gobierno reconocía la legalidad del primer sindicato independiente y autogestionado del mundo comunista. Se llamaba *Solidarnosc*. Se puede encontrar una línea causal entre la visita del Papa y el nacimiento de "solidaridad": una nueva autoestima del pueblo polaco, una experiencia de dignidad personal y la firme decisión de no dejarse intimidar por el gobierno dictatorial fue el fruto de la visita papal, tanto para creyentes como para no creyentes. Otro gran adversario eslavo del comunismo, Alexandr Solzhenitsin, había afirmado en su discurso de recepción del Premio Nobel, en 1970, que la cultura comunista de la mentira estaba íntimamente relacionada con la violencia comunista, con el resultado de que una vez disipada la mentira, "se vendrá abajo estrepitosamente". En junio de 1979, disipando la mentira, Juan Pablo II había contribuido a la existencia de algo sin precedentes en la Europa Central de la posguerra: Polonia disponía desde ese momento de una ciudadanía digna de ese nombre, capaz de crear instituciones independientes, cuya existencia demostrase la vacuidad del sistema comunista y el hecho de que dependía de la represión para sobrevivir.

Juan Pablo II en la ONU

l 2 de octubre de 1979, Juan Pablo II pronunció un histórico discurso ante la Asamblea General de las Naciones Unidas. El tema fundamental de esa intervención eran los derechos humanos, lo que era un desafío directo a la manera como se manejaba la política internacional.

De camino a los Estados Unidos, hizo una visita de dos días a Irlanda, con objeto de hacer sentir su fuerza moral en esa región donde se habían recrudecido luchas que tenían un tinte religioso, y en las que se involucraban los católicos irlandeses.

El 1 de octubre, por la mañana, voló a Boston para iniciar su gira americana. Ahí fue recibido por la esposa del presidente, Rosalynn Carter, y el consejero de Seguridad Nacional, Zbigniew Brzezinski. A pesar de que no hacía buen tiempo, una multitud de dos millones de personas asistió a la misa del Papa en el Boston Common.

A la mañana siguiente, Juan Pablo II viajó a Nueva York. Desde el aeropuerto la comitiva se dirigió a la sede de la ONU. El Secretario General, Kurt Waldheim, salió a recibir al pontífice a las puertas del edificio principal. Cuando llegó el momento del discurso, Juan Pablo II se movió en la tribuna con gran aplomo.

El Papa llegaba a las Naciones Unidas en un momento de gran inquietud mundial causada, principalmente, por la competencia nuclear entre las dos superpotencias. En su alocución, Juan Pablo II fue directamente al grano y recordó a sus oyentes que Cristo, al presentarse ante Poncio Pilato, había dicho que su misión era solamente "dar testimonio de la verdad". Eso mismo se proponía Juan Pablo II como vicario de Cristo, haciendo hincapié en que la política, en última instancia, era un asunto de seres humanos, y que sólo el bienestar de ellos justificaba la política "nacional e internacional", porque toda política legítima "proviene del hombre, es ejercida por el hombre y está hecha para el hombre". Cuando una política dejaba de ser fiel a ese principio, perdía gran parte de su razón de ser, hasta el punto de que podía "llegar a contradecir a la propia humanidad".

El progreso humano debía medirse por un rasero digno de los seres humanos, lo cual significaba medir el progreso, además de por la ciencia y la tecnología, "también, y sobre todo, *por la primacía de los valores espirituales, y por el progreso de la vida moral*. Donde el mundo del hombre se muestra más humano es en el reino de la conciencia. En los casos en los que se habían negado los derechos de la conciencia y de la verdad moral, la ciencia y la tecnología habían sido utilizadas para convertir al mundo en un matadero. Por eso, el "documento fundacional" de la ONU, el que le otorgaba su razón de ser moral, no era la Carta de la ONU, sino la Declaración Universal de los Derechos Humanos de 1948, "hito en el largo y difícil camino del género humano". Sólo podía contribuirse a la causa de la paz "a través de la definición, el reconocimiento y el respeto a los derechos inalienables de los individuos y las comunidades de pueblos".

El respeto a los derechos humanos significaba el respeto a la dignidad y el valor de cada ser humano. La paz, por tanto, corría peligro cada vez que prevaleciera una política caracterizada por la "sed de poder", sin consideración a las necesidades ajenas. Tan cierto era esto entre las naciones como entre los individuos. Si el "interés nacional" era el único criterio de la política internacional, y si dicho concepto se despojaba de componentes morales, la diplomacia dejaba de ser una actividad digna. La paz exigía pensar en obligaciones y deberes, no sólo en intereses.

Abordando la carrera armamentística, Juan Pablo II rechazó la idea de que el peligro de guerra nuclear pudiera separarse del conflicto entre el comunismo y sus adversarios. La amenaza de la guerra en el mundo contemporáneo no se debía a las armas en sí, sino a las formas de injusticia que, impuestas a la conciencia por determinados gobiernos, violaban los derechos humanos, destruían las sociedades y amenazaban, por ende, al orden internacional en su conjunto.

El mundo estaba tratando de definir, como mínimo, "algunos de los derechos inalienables del hombre", y Juan Pablo II deseaba contribuir al debate enumerando los derechos cuyo reconocimiento internacional le parecían más importantes. Se trataba de los derechos civiles, libertades políticas y derechos sociales y económicos básicos. El principal era el derecho a la libertad de pensamiento, de conciencia y religión, y *el derecho a manifestar la propia religión de manera individual o comunitaria, en público o en privado*. La importancia de esta propuesta estriba en que "los valores del espíritu humano eran el motor del desarrollo de la civilización" y la búsqueda de la paz. Ésta requería *proporcionar al hombre un acceso pleno a la verdad, al desarrollo moral y a la posibilidad completa de gozar los bienes culturales que ha heredado, así como de incrementarlos con su creatividad personal*.

La amenaza más grave a la paz mundial eran las injusticias de orden económico y espiritual. A la hora de evaluar los sistemas sociales, económicos y políticos, era imprescindible un "criterio humanístico". La eliminación de la explotación y la participación libre en la vida política y social, eran los criterios por los que debían juzgarse los sistemas. Por su propia naturaleza, las medidas económicas, políticas y sociales que violasen sistemáticamente ese "criterio humanístico" eran amenazas a la paz. Y lo mismo lo eran las injusticias espirituales que *perjudicasen a la persona humana en su relación interna con la verdad, en su conciencia, en sus creencias más personales, en su visión del mundo, en su fe religiosa, y en la esfera que se conoce como derechos civiles*. La sociedad había invertido siglos en dirigirse hacia unas comunidades políticas donde los individuos gocen de *protección total a los derechos del espíritu, de la conciencia humana y la creatividad humana, incluida la relación del hombre con Dios*.

A continuación, como si quisiera asegurarse de que no hubiera malos entendidos sobre la identidad de algunos de los perpetradores principales de la "injusticia en el campo del espíritu", Juan Pablo II identificó como amenazas para la paz a aquellos sistemas que, pese a suscribir los acuerdos internacionales sobre derechos humanos, *creaban formas de vida social donde el ejercicio práctico de esas libertades condena al hombre a convertirse en ciudadano de segunda o tercera clase, a ver comprometida su carrera profesional o su acceso a determinados cargos de responsabilidad, y hasta a perder la posibilidad de educar libremente a sus hijos*. Se dirigía al mundo desde la tribuna de la Asamblea General de las Naciones Unidas, como Sumo Pontífice de la Iglesia católica romana, pero seguía siendo Karol Wojtyla, y estaba decidido a dar testimonio de lo que, por motivos de conciencia, habían sufrido muchos de sus compatriotas.

Aproximándose a la conclusión de su discurso, Juan Pablo II volvió a hablar del papel fundamental de la libertad religiosa en la lucha por la paz. Tal como había afirmado en el Vaticano II, negar a una persona la libertad de buscar la verdad y adherirse a ella significaba deshumanizarla, porque dicha búsqueda forma parte de la esencia de nuestra humanidad. Se trataba de un punto donde era de esperar un acuerdo entre personas religiosas, agnósticos e incluso ateos, porque era un artículo básico del credo humanista. Nadie podía alegar de manera razonable que la libertad religiosa fuera un asunto sectario.

El discurso de Juan Pablo II ante la ONU fue histórico en varios aspectos. Contenía un potente diagnóstico de la crisis de la modernidad tardía, mucho más profunda que los conflictos entre Este y Oeste, capitalismo o comunismo, o ricos y pobres. Él señaló una profunda crisis en el alma humana, y la "verdad" a que Juan Pablo II aludía constantemente, era de índole espiritual y moral.

La visita de Juan Pablo II a los Estados Unidos terminó en Washington, donde después de entrevistarse con el presidente Carter, ofició una misa para doscientas mil personas en el National Mall. El Papa terminó la misa haciendo extensiva su bendición a todos los norteamericanos, cualquiera que fuese su religión, que estaban unidos *en la dedicación común a la defensa en su plenitud, y al fomento de todos los derechos humanos.*

En la ONU señaló la gran crisis que existía en el alma humana.

Brasil y Alemania

En 1980, Juan Pablo II concertó dos viajes que eran particularmente importantes para la Santa Sede: Brasil y Alemania.

El caso de Brasil presentaba graves dificultades. El gobierno brasileño, con muchos católicos en altos cargos, estaba en conflicto con la cúpula de la Iglesia, a causa de su política represiva y las enormes desigualdades económicas. Brasil era el país de Latinoamérica donde el episcopado se tomaba más en serio la "opción preferente por los pobres", además, existía la idea de que muchos sacerdotes brasileños estaban desarrollando la teología de la liberación de una manera demasiado liberal y autónoma, con lo que se estaban propiciando condiciones proclives a la violencia social. El gobierno se quejaba ante el nuncio papal de que los dirigentes de la Iglesia guardaran silencio ante los ataques de la izquierda radical. Por su parte, los obispos aducían que el gobierno no hacía prácticamente nada por los pobres, además de que no estaban satisfechos acerca de la manera como la Santa Sede era informada sobre sus actividades e ideas. En Roma, había quien pensaba que los obispos brasileños habían perdido el norte teológico e incluso político.

La visita se presentaba como sumamente delicada y los augurios no eran buenos. En preparación para esta visita, Juan Pablo II se había dedicado a aprender portugués desde un tiempo atrás, lo que le sirvió en Brasil para causar una buena impresión. Veinte millones de personas vieron al Papa en directo, y varias decenas de millones más lo vieron por televisión.

Veinte millones de personas vieron al Papa en directo durante su visita a Brasil.

El primer día, el Papa se entrevistó con el presidente Joao Batista Figuereido, asistió a una recepción oficial para mil invitados, pertenecientes a la elite de la sociedad brasileña y pasó media hora en la cárcel de la ciudad, hablando con los prisioneros. En Belo Horizonte ofició una misa para medio millón de personas. En aquella ocasión, Juan Pablo II denunció "el abismo entre los ricos" y la mayoría que vive en la pobreza, al tiempo que predicaba que la "lucha de clases por las que abogan las ideologías materialistas no puede dar a nadie una felicidad que sólo puede conseguirse mediante la justicia social cristiana". Juan Pablo II aceptó un memorándum sobre la represión de los trabajadores, que le fue entregado por la delegación de sindicalistas cristianos, e iba dirigida a "nuestro camarada en el trabajo, Juan Pablo II, trabajador de Cristo y colega nuestro".

En Río de Janeiro, cuando el Papa se adentró en una *favela* donde reinaba la más absoluta miseria, la gente lo recibió con una samba compuesta para tal ocasión. Juan Pablo II se quitó el anillo del dedo y lo entregó a la parroquia local. En lo más profundo de la selva amazónica participó en una procesión fluvial con miles de pequeñas embarcaciones, el Papa se reunió con jefes indios, los cuales acusaron al gobierno de una política lindante con el genocidio. Las autoridades del lugar querían que los indios bailasen, pero los pueblos nativos se habían negado, alegando que ni ellos eran actores ni aquello era un espectáculo. Visiblemente conmovido, Juan Pablo II pidió a los jefes documentación acerca de su drama, y ellos se la proporcionaron.

En Recife, Juan Pablo II abrazó al polémico arzobispo Helder Camara; pero era necesario recordar a los obispos brasileños su misión excepcional, amén de darles ánimos, y por eso el discurso de cuatro horas a puerta cerrada que dirigió el Papa a la conferencia episcopal fue una larga reflexión sobre el carácter de comunidad religiosa que distingue a la Iglesia, sobre la doctrina social católica y sobre el imperativo de fortalecer la unidad católica. Una iglesia comprometida, pero no partidista; una Iglesia con especial atención a los pobres, pero no adscrita a la lucha de clases; una Iglesia de y para el pueblo, pero con una doctrina y una jerarquía con el orden sagrado; un clero apasionado por la justicia social, pero no unos políticos clericales, ni unos revolucionarios. Como era de prever, hubo quienes calificaron la propuesta del Papa como excesivamente "conservadora"; pero, en general, causó buena impresión en los círculos eclesiásticos de Brasil.

El catolicismo en Alemania Occidental fue otro caso difícil para Juan Pablo II, cuya primera peregrinación pastoral tuvo lugar del 15 al 19 de noviembre de 1980.

Los estudios teológicos alemanes habían tenido honda influencia en el Concilio Vaticano II, descrito en ocasiones como "el Concilio en el que el Rin desembocó en el Tíber".

En los años posconciliares, sin embargo, la teología alemana se había dividido y el país presentaba una alarmante apatía religiosa. Pocos de los que se llamaban católicos en Alemania visitaban regularmente la iglesia. A pesar de sus logros intelectuales, el catolicismo alemán seguía atrapado en la ideología que había promovido Bismarck, tratando de arraigar la idea de que un buen alemán es un alemán protestante.

Muchos pensaban que la visita de Juan Pablo II a Alemania sería un completo desastre; sin embargo, la reacción del pueblo fue muy halagadora, a pesar de que la gente no

Su visita a Alemania no fue tan aclamada en las calles como la que hizo el mismo año a Brasil.

se volcó en las calles como en otros lugares; sin embargo, la audiencia por radio y televisión alcanzó una proporción inusitada.

En sus contactos con los obispos alemanes, Juan Pablo II los instó a fortalecer la unidad de la Iglesia ayudando a quienes suelen llevar la etiqueta de "progresistas" a superar la falsa dicotomía que suele plantearse entre una tradición religiosa autorizada y la libertad humana; ayudando, también, a los alienados por el cambio a entender que, a través de todos los concilios, la Iglesia sigue siendo la misma.

En esa ocasión, los alemanes percibieron en Juan Pablo II a un hombre de una fe transparente, que había demostrado su capacidad de ser "pastor universal", entre recuerdos históricos dolorosos. De cualquier manera, la primera peregrinación de Juan Pablo II a Alemania Occidental no cambió sustancialmente la situación de la Iglesia ahí, ni tuvo éxito en rebajar el nivel de tensión entre muchos intelectuales católicos alemanes y Roma. Alemania seguiría presentando una resistencia especial durante todo el pontificado de Juan Pablo II.

Peregrinaje en Asia

uan Pablo II siguió depurando el título de "pastor universal" en su siguiente viaje intercontinental, que lo llevó a Pakistán, Filipinas, Guam, Japón y Alaska, durante doce días, en febrero de 1981.

A excepción de Filipinas, uno de los países más católicos del mundo, el Extremo Oriente había sido el gran fracaso evangélico de la Iglesia en sus dos primeros milenios de historia. Los cristianos de todas las filiaciones representaban aproximadamente el uno por ciento de la población de toda la región. En 1981, Japón tenía un número de católicos casi igual al de 1945, a pesar del fuerte crecimiento demográfico que se había registrado en la posguerra. La peregrinación papal, organizada en torno a la beatificación de Lorenzo Ruiz (misionero filipino que había sufrido el martirio en Japón), tenía dos objetivos. Juan Pablo II quería manifestar su respeto por las antiguas culturas del Extremo Oriente. Las semanas anteriores a su partida, Juan Pablo II hizo cursos intensivos de japonés y tagalo (el idioma nativo de Filipinas), a razón de dos horas diarias.

Partió de Roma el 16 de febrero. De camino a Manila estaba prevista una escala técnica en Karachi; se le había programado así, como una simple escala, para apaciguar a los activistas musulmanes, hostiles a la idea de tener en su suelo al Papa infiel. La "escala" duró cuatro horas. El Papa fue recibido en el aeropuerto por el presidente Zia Ul-Haq, y recorrió las calles llenas de carros de madera tirados por burros, y de ancianos vestidos de blanco, pedaleando sus bicicletas. Ofició misa en un estadio para cien mil paquistaníes católicos. Poco después, en el aeropuerto, dio las gracias al presidente Zia, señalando que *uno de los rasgos dominantes del carácter de Abraham, profeta reconocido tanto por cristianos como por musulmanes y judíos, fue su espíritu de hospitalidad.*

En Filipinas, el dictador Ferdinand Marcos y su esposa estaban resueltos a aprovechar la visita del Papa para reforzar su postura política. Imelda Marcos ya había intentado llevarse públicamente el mérito de haber invitado personalmente al Papa, pero el cardenal Jaime Sin, arzobispo de Manila, había desvirtuado esa versión.

El comportamiento de la pareja presidencial durante la visita papal rayó en lo cómico. Casi todo lo que hicieron para impresionar a Juan Pablo II tenía garantizado un efecto contrario. La primera dama usaba su Jet privado para preceder, y recibir oficialmente, a Juan Pablo II en cada punto del país que visitaba. En Dabao, la tercera escala, Juan Pablo II, a pesar de su paciencia y cortesía, ya se había hartado de aquella farsa, y empezó a saludar a los dignatarios locales como si Imelda no estuviera presente. En esos momentos, la televisión

En Filipinas, el Papa mencionó su disgusto por la ley marcial.

filipina, controlada por el gobierno, dejaba al Papa en segundo término y enfocaba a la señora Marcos.

Las palabras de Juan Pablo II a la elite política filipina reflejaban los informes que tenía de la situación del país. El Papa mencionó su disgusto por la ley marcial y dijo que cualquier supuesto conflicto entre la seguridad nacional debía resolverse siguiendo el principio de que el Estado existe para servir a los seres humanos y respetar sus derechos. El gobierno que sistemáticamente violaba esos derechos no servía al bien común.

Aunque la atención de los medios de comunicación mundiales se centrara en el conflicto entre los Marcos y el celo con el que Juan Pablo II defendía los derechos humanos, el interés principal del Papa era la Iglesia filipina, cuya presencia era la más fuerte en el Oriente. Su mensaje a los obispos fue similar al pronunciado en Brasil, apoyando la labor pastoral y desanimando la política.

Tras otra "escala técnica" en Guam, el Papa llegó a Japón el 23 de febrero. La contradicción entre ser "auténticamente japonés" y "auténticamente católico" tenía casi cuatrocientos años de existencia. Desde las sangrientas persecuciones del siglo XVII, que habían reprimido violentamente el catolicismo japonés. La peregrinación de Juan Pablo II por el Japón fue un modesto intento por reabrir un diálogo que llevaba demasiado tiempo estancado.

En un gesto de respeto habitual, el emperador Hirohito recibió al Papa en la puerta de su palacio imperial. Era la primera vez que el emperador, cuyo estatus religioso en la cultura japonesa no había cesado con la renuncia de posguerra a su origen divino, recibía al representante de otra fe. Por la tarde, Juan Pablo II se reunió con miles de adolescentes y jóvenes japoneses, no todos cristianos; el Papa estableció un diálogo cordial con ellos, quienes le hicieron toda clase de preguntas, desde los más ingenuos detalles sobre el cristianismo hasta los más sofisticados conceptos respecto del mundo moderno. El acto más conmovedor de toda la peregrinación se había celebrado unas horas antes, con la visita de Juan Pablo II al hermano Zenón, un misionero franciscano que había llegado al Japón en los años treinta, junto con Maximilian Kolbe, el que fuera mártir polaco. Después de la guerra, el hermano Zenón se había convertido en defensor de los marginados y huérfanos; recorría las calles de Tokio recogiendo deshechos humanos en las aceras y cuidándolos. Rebasados los noventa años, el hermano Zenón estaba enfermo y casi sordo, Cuando Juan Pablo II se acercó a su lecho, el anciano le preguntó si era el Papa polaco. Juan Pablo II le contestó que sí, y rodaron lágrimas por las mejillas enjutas del hermano Zenón.

El 25 de febrero, Juan Pablo II habló en el Monumento a la Paz de Hiroshima, y lo hizo en japonés, inglés, francés, español, portugués, polaco, chino, alemán y ruso. En discurso se estructuraba en torno a una antífona repetida tres veces: *Recordar el pasado es comprometerse con el futuro*. Juan Pablo II subrayó que la humanidad "no está destinada a la autodestrucción" y que el antídoto contra la amenaza de la guerra era "un sistema jurídico que regule las relaciones internacionales y mantenga la paz". Terminó con una oración en japonés, en la que pedía "al creador de la naturaleza, del hombre, de la verdad y de la belleza", que "infunda en los corazones de todos los seres humanos la sabiduría de la paz, la fuerza de la justicia y la alegría de la fraternidad".

Después de dirigirse a un grupo de científicos y alumnos de la Universidad de las Naciones Unidas, Juan Pablo II partió hacia Nagasaki, centro del catolicismo japonés. Ahí visitó el "monte de los Mártires", donde habían sido crucificados Lorenzo Ruiz y sus compañeros, así como la casa en la que, en los años treinta, había vivido Maximilian Kolbe. El primer día de la visita, durante una misa en la catedral de Nagasaki, el Papa ordenó a cincuenta sacerdotes. Al día siguiente se ofició otra misa en el estadio Matzuyama y Juan Pablo II bautizó a setenta y siete personas en una ceremonia bajo la nieve.

En su ruta de regreso del Japón, el avión papal hizo otra escala en Anchorage, Alaska, donde hacía mejor tiempo, y cincuenta mil personas asistieron a una misa al aire libre. En sus palabras de bienvenida, el arzobispo Francis T. Hurley dijo: "Ningún futuro Papa hará un viaje más largo desde la Ciudad Eterna, a menos que suba a un cohete para ir a la luna, reto que, en opinión de muchos, sería muy tentador para Su Santidad".

El atentado

quel 13 de mayo era un día como cualquiera, a las cinco en punto, con intachable puntualidad, el pequeño "papamóvil" pasó por el arco de las Campanas, con Juan Pablo II en la parte trasera, saludando a la multitud. La costumbre era dar un par de vueltas, antes de llevar al Papa al *sagrato*, la plataforma colocada delante de la basílica, desde donde se dirigiría a la multitud. De repente, en el cielo de la tarde, multitud de palomas se echaron a volar. La acústica de la plaza reveló el motivo.

Colocado detrás de la primera fila de peregrinos, junto a una de las vallas de madera, un hombre acababa de disparar dos tiros, hiriendo al Papa. Juan Pablo II había recibido un impacto en el abdomen y cayó hacia atrás, cayendo en brazos de su secretario, Monseñor Dziwisz.

De inmediato llegó una ambulancia y Juan Pablo II fue llevado al hospital Gemelli, que estaba a seis kilómetros. En circunstancias normales, el trayecto se hubiera cubierto en 25 minutos, pero la ambulancia lo hizo en ocho. El Papa permaneció consciente a lo largo del camino, musitando oraciones. Más tarde recordaría que "justo en el momento de caer tuve un presentimiento muy fuerte de que me salvaría". Al llegar al hospital perdió la conciencia.

La bala había hecho estragos en el interior del abdomen del Papa, el cirujano encontró heridas múltiples, algunas de ellas por impacto directo y otras por el efecto explosivo de la bala. Hicieron falta cinco horas de cirugía para cerrar las heridas del colon, extirpar cincuenta y cinco centímetros de intestino y realizar una colostomía provisional.

El Papa permaneció cuatro días en cuidados intensivos dentro del hospital. Al día siguiente de la operación recibió la Sagrada Comunión y, el 17 de mayo, empezó a concelebrar desde la cama. Ese mismo día los peregrinos de la pala de San Pedro escucharon un mensaje grabado de Juan Pablo II, que estaba decidido a cumplir su cita de todos los domingos al mediodía. Las últimas palabras eran: *Me siento especialmente próximo a las dos personas que resultaron heridas junto a mí. Rezo por el hermano que me disparó y a quien he perdonado sinceramente. Unido con Cristo, Sacerdote y Víctima, ofrezco mis sufrimientos a la Iglesia y al mundo. A ti, María, te repito: "Totus tuus ego sum".*

El 18 de mayo salió de cuidados intensivos y se le trasladó a una suite privada con todos los servicios. Unos días más tarde, los médicos emitieron un mensaje de prensa en el que se afirmaba que la vida del Papa ya no corría peligro.

"Justo en el momento de caer tuve un presentimiento muy fuerte de que me salvaría".

144

Ali Agca: Un misterio no resuelto

l 13 de mayo de 1981, Mehmet Ali Agca fue arrestado de inmediato en la plaza de San Pedro. Se encontraba desde entonces en la cárcel romana de Rebibbia, sometido a exhaustivo interrogatorio. Agca se describía a sí mismo como terrorista internacional, pero ajeno a cualquier ideología, tanto de izquierda como de derecha. Dijo también que no era su intención matar al Papa, sino solamente herirlo. Fuera de esas declaraciones escuetas, se negó a dar más información respecto de sí mismo y de sus motivos

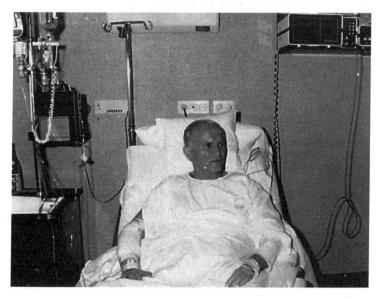

"Rezo por mi hermano que me disparó y a quien he perdonado sinceramente".

para atacar al Papa. El 22 de julio, Agca fue declarado culpable y condenado a cadena perpetua. Él dijo a su abogado que no quería ejercer el derecho de apelación.

El drama del atentado contra el Papa sigue siendo un enigma. Es posible que nunca llegue a conocerse con certeza la verdad sobre los instigadores de Agca y la posible conspiración que desembocó en el atentado del 13 de mayo de 1981. La hipótesis de que Agca actuaba solo, movido por un desequilibrio mental o fanatismo religioso, parece inverosímil, teniendo en cuenta la información que se tiene de su vida anterior y las opiniones de los psiquiatras. Los archivos rusos pertinentes siguen cerrados a los investigadores, y aunque se abrieran, lo lógico es que no existiera en ellos documentación alguna de un caso así. La hipótesis de la conspiración soviética ha sido considerada hasta el momento como la más plausible, tomando en cuenta que en esos momentos la política internacional del Papa lesionaba los intereses de la Unión Soviética.

Por otro lado, el propio Juan Pablo II nunca manifestó interés alguno por esclarecer el asunto. La noche antes de recibir los disparos, Juan Pablo II leyó un breve pasaje del Nuevo Testamento, como parte de las "completas", la oración nocturna de la Iglesia: "Sed sobrios y velad. Vuestro adversario, el diablo, ronda como león rugiente, buscando a quien devorar". El mal anda por el mundo y tiene múltiples rostros. Para Juan Pablo II no hacían falta más explicaciones.

El 27 de diciembre de 1983, Juan Pablo II dio testimonio personal del imperativo de la reconciliación oficiando una misa en la cárcel de Rebibbia y visitando en su celda al hombre que había querido asesinarlo, Mehmet Ali Agca. Las fotografías de este encuentro muestran a dos hombres sentados en sillas de plástico negro; Agca escucha atentamente a Juan Pablo II, cuya mano izquierda está abierta y ligeramente en alto, gesto característico de explicación o instrucción. De inmediato se desataron rumores de que Agca había hecho confesiones importantes a Juan Pablo II. En realidad, el supersticioso turco comunicó al Papa su temor de que la Virgen de Fátima desatara su venganza sobre él, pues consideraba que había planeado el atentado con perfecta lógica, de manera que tenía la huída asegurada, y con ello la impunidad. La supervivencia del Papa y su encarcelamiento eran para él pruebas de que había actuado un poder sobrenatural, y como el día del atentado coincidía con la aparición de Fátima, había llegado a la conclusión de que la "diosa de Fátima" había protegido al Papa y lo perseguiría hasta matarlo. Juan Pablo II le explicó que la virgen de Fátima era la propia María, a quien veneran muchos musulmanes, que ella amaba a todo el mundo y que no tenía nada que temer.

El 27 de diciembre de 1983, Juan Pablo II visitó a Ali Agca, quien dos años antes trató de asesinarlo.

Juan Pablo II y el anticomunismo

A la vista del papel de Juan Pablo II como catalizador de la revolución de Solidaridad en Polonia, y del impacto que acabaría teniendo dicha revolución en la historia de finales del siglo XX, muchos comentaristas han calificado el pontificado de Juan Pablo II como una larga estrategia política cuya finalidad era erradicar el comunismo del mundo. Algunos lo retratan como un gran maestro de ajedrez, creador, junto con otros, de una vasta conspiración para desvirtuar a la izquierda en todas partes donde ésta tenía influencia. Otra interpretación, también política, es un Papa defensor de la "no violencia", cuya lucha clandestina en Polonia tiene lugar en los anales de la mejor política del siglo XX, junto a la campaña independentista de Gandhi en la India, y al movimiento pro derechos civiles de Martin Luther King.

Cada una de estas variaciones sobre el tema Juan Pablo II tiene algo de verdad. Es cierto que a lo largo de los años ochenta, Juan Pablo protagonizó un despliegue impresionante de habilidad diplomática. También lo es que su visión de hacia dónde iba la historia rayaba en la clarividencia. Insistió, efectivamente, en que la verdadera liberación del totalitarismo no podía adoptar los instrumentos violentos, a menos que dejara de ser fiel a sus objetivos. A todo esto, sin embargo, el papel de figura política mundial de hombre de Estado no era el que Juan Pablo II considerara primordial en el momento de hacer o decir lo que hizo o dijo.

La respuesta personal de Juan Pablo II a la pregunta de cómo debía entenderse su pontificado, y su propia vida, se hizo patente en el santuario portugués de Fátima, los días

12 y 13 de mayo de 1982. Llegaba como peregrino al santuario en el primer aniversario del atentado de Ali Agca, para dar gracias a Dios y a María por haberle salvado la vida. Al llegar a Fátima, el Papa resumió su visión de la vida, la historia y su propia misión en una frase sucinta y cargada de significado: *En los designios de la Providencia nada es pura coincidencia.*

El propio atentado, el hecho de que se hubiera producido en la fecha de la aparición mariana de Fátima, y la supervivencia del Papa... Nada de ello era accidental, como tampoco lo habían sido los demás incidentes de su vida, incluido su acceso al papado. Juan Pablo II, además, estaba seguro de que esa verdad se aplicaba a cualquier persona humana. El mundo, incluido el de la política, estaba inscrito en el drama de la salvación divina dentro de la historia. Ése era, a su juicio, el mensaje que se había propuesto llevar el Concilio Vaticano II a un mundo amedrentado por la aparente falta de sentido de la vida. La tarea principal de la Iglesia era contar al mundo la historia de su redención, cuyos efectos se hacen realidad minuto a minuto en miles de millones de vidas en las que nada es "mera coincidencia".

La política no es ajena a ello. Para llevar a cabo su tarea principal, la Iglesia pedía al mundo libertad para formular su propuesta evangélica, y le pedía que se plantease la posibilidad de su redención. A esto se reducía su petición, pero el mero hecho de formularla tenía ciertas repercusiones públicas, porque sólo podía satisfacerla una clase de Estado muy concreta. La misión básica, evangélica, de la Iglesia convertía a ésta en antitotalitaria, porque lo que le pedía al mundo imponía límites al alcance de las pretensiones de los gobiernos.

Una Iglesia que evangeliza es por naturaleza una Iglesia pública, porque la evangelización es siempre un objetivo relacionado con el mundo y su historia. La formulación de la propuesta, y su contenido, tienen repercusiones públicas; y, sin embargo, la Iglesia no actúa en el mundo como uno de tantos competidores por el poder, sino como testigo de la verdad sobre la persona humana, sobre la comunidad humana, la historia humana y el destino del hombre. Históricamente, la Iglesia no siempre ha sido fiel a ese modelo, pero así era la "Iglesia pública" que preveía el Concilio Vaticano II, y así era también la que se proponía fomentar Juan Pablo II, declarándose "heredero" del Concilio.

El hecho de que el Papa interprete evangélicamente la historia y la política ayuda a entender su relación con otro actor destacado del panorama mundial de los ochenta: Ronald Reagan, presidente de los Estados Unidos.

El Papa y el presidente compartían determinadas convicciones. Ambos creían que el comunismo no era únicamente una economía equivocada, sino un mal moral. Ambos confiaban en que las personas libres eran capaces de plantar cara al desafío comunista. Ambos estaban convencidos de que la lucha contra el comunismo les daba margen para la victoria, no sólo para el acuerdo. Ambos entendían el drama de la historia de finales del siglo XX, y ambos tenían absoluta convicción de que la verdad, convertida en palabras, podía hacerse oír por encima de las mentiras comunistas y sacar a la gente de su servidumbre.

En la época de la candidatura a la presidencia, Ronald Reagan había visto unas imágenes de Juan Pablo II en la plaza de la Victoria de Varsovia, correspondientes a la misa del 2 de junio de 1979 y, según su ayudante Richard Allen, había quedado profundamente conmovido. Juan Pablo II, por su parte, no tenía necesidad de que lo convencieran de que la polémica postura anticomunista del presidente Reagan era acertada. Hacía más de treinta años que el Papa polaco sabía que la Unión Soviética era un imperio, y que su sistema era maligno. El presidente sentía una admiración enorme por el Papa, y deseaba mantenerlo al corriente de cuanto averiguaran los servicios de inteligencia americanos en Europa Central. También reconocía que en la lucha contra el comunismo la Iglesia católica tenía objetivos y métodos propios. En cuanto a Juan Pablo II, no por haber calificado a Reagan de "buen presidente", estaba menos decidido a conservar su libertad de análisis y acción. La Iglesia no se dejaría hipotecar por los objetivos políticos de ningún Estado.

En su primer encuentro, celebrado el 7 de junio de 1982, Juan Pablo II y Ronald Reagan se dieron cuenta de que coincidían en su deseo de cuestionar el sistema del Yalta. Desde el punto de vista de la Unión Soviética, Juan Pablo II nunca había sido tan perjudicial como en su épica peregrinación a Polonia en junio de 1979, diecisiete meses antes de que fuera elegido presidente Ronald Reagan. Juan Pablo II ya tenía perfectamente definida su estrategia de cambio en los países del Este, centrada en la cultura. La decisión de Reagan de hacer partícipe a Juan Pablo II de su información confidencial fue bien recibida, pero el Papa disponía de abundantes y propias fuentes de información en Europa comunista, y no hay pruebas de que las fotografías de los satélites estadounidenses u otras fuentes secretas introdujeran cambios fundamentales en su manera de interpretar la situación o de actuar. Es posible que la imagen del Papa examinando fotografías secretas de instalaciones militares soviéticas sea del agrado de algunos, pero estas escenas no nos revelan nada importante sobre la historia de los años ochenta, oculta o pública. Entre Estados Unidos y Juan Pablo II no medió ningún "trato", en el que el apoyo a Polonia se pagara con el silencio del Vaticano sobre la instalación de misiles nucleares de alcance medio en Europa, o sobre la política de los Estados Unidos en América Central. La idea de que Juan Pablo II se planteara aceptar intercambios de esa índole revela un desconocimiento de su personalidad.

Tanto Juan Pablo II como Ronald Reagan estaban comprometidos con la liberación de lo que su generación llamaba "países cautivos". Siguieron caminos distintos hacia un mismo fin. No hubo ninguna conspiración.

Presencia en Centroamérica

A principios de los ochenta, Juan Pablo II pensó que el catolicismo latinoamericano estaba atrapado en la intersección de tres conjuntos de problemas, dos de los cuales estaban fuertemente enlazados. En primer lugar, se advertía un problema teológico; gran parte de las ideas doctrinalmente inaceptables que defendían los teólogos de la liberación seguían condicionando muchos destinos a lo largo y ancho del continente, con especial incidencia en América Central. A su vez, aquellas ideas teológicas inadecuadas habían llevado a un segundo conjunto de problemas relacionados con la existencia de la propia Iglesia como comunidad religiosa. En Nicaragua, El Salvador y Guatemala, una "Iglesia popular" hacía esfuerzos conscientes por ocupar el lugar de los que calificaban con desdén "Iglesia institucional". En Nicaragua, la "Iglesia popular" recibía el apoyo declarado del gobierno sandinista, del que formaban parte algunos sacerdotes que detentaban cargos públicos en contra de las órdenes de sus superiores religiosos. El gobierno también ejercía presiones considerables sobre los obispos y pastores de la Iglesia. La Iglesia popular, que presuponía la creencia en una visión ideológicamente definida del cambio revolucionario, era una grave distorsión del concepto formulado por el Vaticano II: el de la Iglesia como *communio*, esto es, como "comunidad de creyentes". Cuando la revolución desembocó en la situación escandalosa de que unos sacerdotes apoyasen a un régimen que perseguía a la Iglesia, fue señal de que la corrupción había alcanzado grados alarmantes. Quedaba, por último, el caso de Cuba, donde el régimen de Castro tenía a la Iglesia con la soga al cuello, sometiéndola desde hacía muchos años a una fuerte represión.

El discurso de Juan Pablo II en Puebla, en 1979, debería haber disparado cualquier género de dudas sobre cuál era a sus ojos la vía hacia una verdadera liberación cristiana en América Central: una Iglesia comprometida, pero no partidista; una Iglesia que se esforzase en recomponer la *communio* en unas sociedades centroamericanas fragmentadas y violentas. Una Iglesia que se negase a identificar el Evangelio con el programa de un partido político; una Iglesia donde el lugar del Reino de Dios no fuese usurpado por utopías mundanas y, como siempre, una Iglesia que defendiera con firmeza la libertad religiosa contra las persecuciones de cualquier color político. En suma, una Iglesia unida y comprometida que no se parecía en nada a la que estaba vigente en América Central a principios de los años ochenta.

Desde fines de la década anterior, El Salvador se hallaba sumido en una sangrienta guerra civil entre, de un lado, un gobierno dominado por el ejército, y del otro las guerrillas del Frente de Liberación Nacional Farabundo Martí. En su empeño por aplastar el movimiento guerrillero, de inspiración marxista, el gobierno y el ejército salvadoreños cometían graves violaciones a los derechos humanos, dentro de una impunidad legal casi completa. Las guerrillas tenían como meta derrocar al régimen de manera violenta, y tampoco eran ajenas a los malos tratos personales. Entre ambos polos luchaba por sobrevivir una "tercera vía", centrada en el Partido Demócrata Cristiano, y su máximo representante, José Napoleón Duarte, quien también había sido víctima de los militares. La Iglesia salvadoreña se había polarizado y dividido a finales de los setenta y principios de los ochenta, momento en que el arzobispo de San Salvador, Óscar Romero, había acentuado sus críticas a las violaciones de los derechos humanos cometidas por el régimen. Romero estaba muy influido por los teólogos de la liberación jesuitas Jon Sobrino e Ignacio Ellacuría.

El país fue cayendo en una espiral de violencia cada vez más profunda, hasta que el 24 de marzo de 1980 el arzobispo Romero fue asesinado en el altar por miembros de un escuadrón de la muerte reaccionario, que actuaba con apoyo, cuando menos tácito, del gobierno. En un telegrama al presidente de la Conferencia Episcopal Salvadoreña, Juan Pablo II no se anduvo con rodeos, y expresó su "más honda reprobación por el sacrílego asesinato". El arzobispo que sucedió a Romero, Arturo Rivera Damas, intentó controlar una situación que se deterioraba por momentos.

Juan Pablo II quería una iglesia unida y sin partidismo en América Latina.

No escatimó críticas a la violación de los derechos humanos, fuera cual fuese su procedencia, pero no podía estar de acuerdo con quienes ignoraban las atrocidades del Frente. Al margen de la valentía y la dedicación de esas personas en la resistencia a la violencia derechista. Discretamente, desalojó de la residencia arzobispal a la comisión archidiocesana llamada "Justicia y Paz", por considerar que se había hecho de la vista gorda ante los crímenes del Frente. Con ello, el arzobispo redujo las sospechas que merecía la Iglesia a algunas fuerzas políticas contrarias al Frente, y fortaleció la autoridad moral como voz contra las violaciones de los derechos humanos, sin distinción de procedencia. En una situación fundamentalmente descontrolada, como era la de principios de los ochenta, el arzobispo Rivera intentó potenciar la democracia cristiana como alternativa tanto a los sangrientos militares como a las guerrillas del Frente. Haría falta más de una década para que las guerrillas fueran derrotadas y el ejército quedara sometido a una autoridad civil eficaz.

Con todo, y por muchos horrores que viviera El Salvador, la llave del dilema de la verdadera liberación cristiana en América Central era Nicaragua. La Nicaragua gobernada por el régimen sandinista era, más que ningún otro lugar de América Latina, un laboratorio para las teorías de las diversas teologías de la liberación. La situación de la Iglesia era todavía más conflictiva que en El Salvador. Había dos sacerdotes con participación activa en el gobierno: Miguel D'Escoto, ministro del Exterior, y Ernesto Cardenal, ministro de Cultura. Otro sacerdote, Fernando Cardenal, jesuita y hermano del anterior, dirigía el programa sandinista de alfabetización. El arzobispo de Managua, Miguel Orlando Bravo, hombre robusto de procedencia campesina, que inicialmente había prestado su apoyo a la revolución contra la cruenta dictadura de la familia Somoza, se había convertido en el crítico más conspicuo y eficaz de los sandinistas, después de que los nuevos gobernantes no hicieran honor a sus garantías sobre los derechos civiles y las libertades políticas. Los sandinistas, a su vez, se oponían al arzobispo mediante el fomento activo de la Iglesia popular.

El nuncio apostólico en Managua, el arzobispo Andrea Cordero Lanza di Montezemolo, noble italiano cuyo padre, dirigente antifascista en la Italia de Mussolini, había sido asesinado por los nazis, era uno de los personajes más respetados del servicio diplomático de la Santa Sede. El hecho de que fuera destinado a Nicaragua da fe de la gravedad que se le atribuía a la situación. El nuncio Montezemolo fue quien se ocupó de la logística de la visita de Juan Pablo II a Nicaragua.

El Papa llegó a Managua el 4 de marzo de 1983. Cuando el avión aterrizó, todo el gobierno sandinista se había puesto en fila en la pista, esperando el momento de saludar al Papa. Después de los discursos de bienvenida, Daniel Ortega llevó al Papa hacia la fila de los representantes del gobierno, y cuando llegaron a Ernesto Cardenal, el ministro de cultura se quitó su boina y dobló una rodilla. Haciendo al sacerdote gestos vigorosos con la mano derecha, Juan Pablo II le dijo: "Regulariza tu posición con la Iglesia".

Más tarde, durante la misa papal en Managua, se produjo un enfrentamiento. El lugar escogido, un parque que acogía concentraciones sandinistas, había sido uno de los puntos controvertidos en las negociaciones anteriores a la visita. Montezemolo había propuesto instalar una plataforma provisional de altar en el extremo opuesto al que ocupaba el escenario permanente que se usaba para las concentraciones sandinistas, y que estaba adornado con enormes pósters de César Augusto Sandino, Marx e incluso Lenin. El comandante Ortega había dicho "¡No, no puede ser, ya lo arreglaremos!" Días después, Montezemolo se fijó que habían sido retirados los pósters y pensó que era un acto de buena voluntad; más tarde se enteró que habían sido retirados para repintarlos. Cuando se lo comentó al Papa, éste respondió: "No se enfade, cuando esté yo encima con todos los obispos no se fijará nadie en los pósters". Pero resultó que el régimen tenía planes más radicales para manipular el acto.

El padre Tucci había llegado a Managua unos días antes que el Papa, junto con Piervincenzo Giudici, ingeniero de Radio Vaticana y experto en sonido. Giudici había ido a ver el escenario de la misa papal, y había vuelto escandalizado por la instalación de un nuevo sistema de sonido, nuevo y potente, que se controlaba de manera independiente. El arzobispo Montezemolo preguntó al gobierno qué pasaba, y obtuvo una respuesta de compromiso: "Es que queremos estar preparados para una emergencia".

Durante las negociaciones anteriores a la visita, Montezemolo había insistido en que se dividiera el parque en secciones y se reservara el sector más próximo al altar a los representantes de asociaciones y movimientos católicos. Estos llegaron al parque a las cuatro de la madrugada y descubrieron que la parte central de las primeras filas ya estaba ocupada por un nutrido número de militantes sandinistas, al igual que casi todo el espacio cercano al altar. La gente para la que se celebraba la misa quedó acorralada al fondo, y en cuanto alguien intentaba acercarse al altar la policía disparaba tiros al aire.

Justo al lado del altar había otra plataforma llena de miembros del gobierno y altos cargos del Partido Sandinista. Durante la misa, los nueve miembros de la Dirección Nacional Sandinista, incluido Daniel Ortega, levantaron el puño izquierdo y exclamaron "¡Poder popular!" El enfrentamiento adquirió su máximo dramatismo durante el sermón del Papa. Los sandinistas habían escondido micrófonos en el sector contiguo a la parte delantera de la plataforma del altar, sector que había sido tomado por sus partidarios. Tanto aquellos micrófonos como los de la plataforma estaban controlados por técnicos sandinistas. Al principio del sermón, sobre la unidad de la Iglesia, la voz de Juan Pablo II llegaba hasta el auditorio del fondo; más tarde dijo que se dio cuenta de que le copian porque vio sus aplausos. Sin embargo, cuando llegó el momento de explicar la imposibilidad de una "Iglesia popular", opuesta a los patrones legítimos de la Iglesia, la muchedumbre sandinista de adelante del altar se puso a gritar para ahogar la voz del Papa. Los técnicos bajaron el sonido del micrófono del Papa y subieron el volumen de los que habían sido colocados entre los agitadores. Al mismo tiempo, las autoridades de la tribuna contigua a la plataforma del altar seguían haciendo de las suyas, hasta que Juan Pablo II no pudo más y gritó: "¡Silencio!" Al fin quedó restablecido, hasta cierto grado, el orden, aunque faltaba la puntilla: al término de la misa, el jefe del protocolo sandinista se dirigió a la mesa de control y exigió que se tocara el himno sandinista para acompañar la retirada del Papa. Juan Pablo II permaneció al frente de la plataforma, cogió por su base el báculo rematado por un crucifijo y lo blandió para saludar a los cientos de miles de católicos nicaragüenses que se habían visto relegados en el fondo del recinto.

Más tarde, los sandinistas dijeron que los esfuerzos de la multitud por ahogar la voz del Papa habían sido una reacción espontánea, pero se trataba de una burda mentira. Políticamente, su intento de sabotear la misa papal fue otro tiro que les salió por la culata. El padre Tucci había convencido al régimen de que se sumara a una conexión televisiva regional, y por ese motivo el desbarajuste de la misa papal fue retransmitido a toda América Central. Millones de espectadores quedaron escandalizados por la vulgaridad de la mala conducta sandinista. A última hora del día, cuando regresó a Costa Rica, el Papa fue recibido por una multitud más nutrida y calurosa que la del día anterior.

A lo largo de nueve días, Juan Pablo II visitó Costa Rica, Panamá, El Salvador, Guatemala, Honduras, Belice y Haití, además de Nicaragua. En El Salvador predicó la reconciliación y dedicó a la tumba del arzobispo Romero una visita fuera del programa. En Guatemala defendió a la población nativa y cuestionó las medidas represivas del gobierno del general Efraín Ríos Mont. En Haití criticó el régimen de la familia Duvalier. El Papa recibió ataques por no haber hablado del arzobispo Romero en su sermón salvadoreño, y el conjunto de la peregrinación fue sometido a críticas por parte de quienes, a fuerza de malabarismos, lograban identificar a las guerrillas salvadoreñas y los sandinistas con la causa de la democracia. En cambio, quien quedó satisfecho fue el obispo Obando, máxima y cuestionada autoridad de Nicaragua. Él sabía que la vasta mayoría de su pueblo había quedado impresionada y conmovida por el hecho de que el Papa hubiera acudido a ellos, y el comportamiento de los sandinistas en la misa papal había aclarado la situación. Como recordaría más tarde el propio Obando: *La gente empezó a preguntar: ¿Quiénes son para tratar de esta manera a la Iglesia? Gente que hasta ese momento había tenido dudas sobre la revolución descubrió de qué lado estaba, porque vieron cómo trataban al Santo Padre.* Por su parte, el Papa manifestó su apoyo a Obando, al nombrarlo cardenal en 1985.

La cuestión judía

L a *Declaración sobre la relación de la Iglesia con las religiones no cristianas (Nostra Aetate)*, producto del Concilio Vaticano II, había inaugurado un capítulo nuevo en lo referente a las relaciones entre católicos y judíos. Juan Pablo II estaba decidido a proteger ese logro y seguir avanzando. El 15 de febrero de 1985, el Papa recibió una delegación del Comité Judío Norteamericano, que había viajado a Roma para celebrar el vigésimo aniversario de la *Declaración* del Vaticano II. Juan Pablo hizo hincapié en que, además de ser un documento "adecuado" en términos humanísticos, la Declaración debía entenderse "como expresión de la fe, como inspiración del Espíritu Santo y como palabra de Divina Sabiduría".

Cuatro días más tarde, el 19 de febrero, el Papa recibió al primer ministro israelí Shimon Peres, quien lo invitó a visitar Israel.

El 19 de abril, Juan Pablo II se reunió con los participantes de un coloquio sobre el vigésimo aniversario de *Nostra Aetae*. Una vez más sostuvo que el diálogo entre judíos y católicos era mucho más que una cuestión de buenos modales cívicos y tolerancia: *Las relaciones judeo-cristianas nunca son un ejercicio académico. Por el contrario, forman parte del tejido de nuestros compromisos religiosos y de nuestras respectivas vocaciones como judíos y cristianos.*

El 24 de junio, la Comisión para las Relaciones Religiosas con el Judaísmo, organismo vaticano responsable del diálogo, publicó un documento con el extenso título de *Notas sobre la manera correcta de presentar a los judíos y al judaísmo en la predicación y la catequesis de la Iglesia católica romana.* El documento, que pretendía servir para la educación católica a todos los niveles, hacía hincapié en que "Jesús era judío, y siempre lo fue, él era un hombre en pleno acuerdo con su entorno". El documento enfatizaba la importancia de enseñar a los católicos la misión espiritual que tuvo y que tiene el pueblo judío, que sigue siendo un pueblo elegido cuya fe y vida religiosa contemporáneas pueden ayudar a los católicos a entender mejor muchos aspectos de su propia fe y su práctica. Los programas de educación religiosa también debían ayudar a "entender el significado que tiene para los judíos el exterminio de los años 1939-1945".

Juan Pablo II elogió las *Notas* publicadas en julio, documento que ayudaría a *fomentar el respeto, el aprecio, e incluso el amor entre los dos pueblos, porque ambos figuran en el designio inescrutable de Dios que "no deja a su pueblo". De igual modo el antisemitismo, en sus desagradables y a veces violentas manifestaciones, debería ser erradicado por completo. Saldrá de ellos seguramente una visión positiva de cada una de nuestras religiones, con el debido respeto a nuestra mutua identidad.*

Encuentro en Casablanca

Durante su visita al Vaticano, el rey de Marruecos, Hassan II, había invitado al Papa a visitar su país. Juan Pablo II le había dado las gracias, pero no sin preguntar qué podía hacer él en un país completamente islámico. Hassan había contestado: "Santidad, vuestra responsabilidad no es sólo religiosa, sino educativa y moral. Estoy seguro de que decenas de miles de marroquíes, y en especial los jóvenes, serían muy felices de oírlo hablar sobre los principios morales y las relaciones que afectan a los individuos, las comunidades, los países y las religiones." Juan Pablo II no se hizo del rogar, y la visita dio pie al primer contacto oficial entre la Santa Sede y el Islam.

El discurso de Juan Pablo II a la juventud marroquí, pronunciado en francés, destaca por su sencillez de estilo. Era un relato del humanismo cristiano del pontífice, adaptado a una audiencia cuya composición se apartaba completamente de lo habitual. El Papa comenzó diciendo que venía a ellos como creyente, *para dar simplemente testimonio de aquello en lo que creo, lo que deseo para el bienestar de mis hermanos y del género humano, y lo que me ha enseñado la experiencia que es útil para todos.* La meta de sus primeros pensamientos era Dios, "porque en él creemos todos, musulmanes y católicos". Dios es "fuente de toda alegría", y para dar testimonio de ello rezaban todos los musulmanes y católicos, "porque el hombre no puede vivir sin rezar, como no puede vivir sin respirar".

Abordando el tema de la libertad religiosa, particularmente delicado en un país islámico, el Papa sostuvo que la base más segura para ella era la fe religiosa, no una indiferencia secularista, ni tampoco la neutralidad: "La obediencia a Dios y su amor al hombre debería llevarnos al respeto de los derechos humanos", respeto que hacía necesaria "una reciprocidad humana en todos los campos, sobre todo en el tocante a las libertades fundamentales, y más concreto en la libertad religiosa".

Dijo a los jóvenes que de ellos dependía construir "un mundo más fraternal; derribar las barreras que erige en ocasiones el orgullo, y con más frecuencia la debilidad y el miedo de los hombres". Su generación tenía el reto de vivir "en solidaridad" con otros, a fin de que "toda la gente pueda tener los medios de alimentarse, cuidarse y vivir en paz". Sin embargo, "por importantes que sean los problemas económicos, no sólo de pan vive el hombre". Por eso, el testimonio más importante que podían dar al mundo que heredaban era la convicción de que "no vivimos en un mundo cerrado".

Era necesario conocer lo que tenían en común, y también sus diferencias. Tanto cristianos como musulmanes creían en un Dios único, justo y misericordioso, deseoso de que sus criaturas se salvasen y viviesen con él para siempre. También creían ambas confesiones "en la importancia de la oración, el ayuno y la limosna, la penitencia y el perdón". En cuanto a las "importantes diferencias" entre las dos religiones, que se centraban en la fe cristiana en Jesús como Hijo de Dios y redentor del mundo, "podemos aceptarlas con humildad y respeto, en tolerancia mutua. Hay en ello un misterio, y estoy seguro de que un día Dios nos iluminará sobre su significado". De momento bastaría con que los cristianos y los musulmanes coincidieran en ponerse "a disposición de Dios y ser sumisos a su voluntad", para que naciera "un mundo donde las personas de fe viva cantaran la gloria de Dios y trataran de construir una sociedad humana en armonía con la voluntad de Dios".

El cardenal Jozef Tomko se encontraba en el estadio marroquí, y no sabía qué esperar. Observó a la multitud, no al papa, y lo que vio fue el interés y una especie de reverencia. De hecho, los adolescentes musulmanes de Casablanca habían escuchado al Papa con interés y respeto bastante mayor que a muchos sacerdotes católicos de edad madura.

Los jóvenes musulmanes escucharon con respeto a Juan Pablo II.

La propuesta Ecuménica

E n 1986 el Papa tomó una iniciativa de gran trascendencia histórica, pero inquietante para los jerarcas tradicionales de la Iglesia. Se trataba de un Día Mundial de Oración por la Paz, en la que Juan Pablo II pretendía reunir a todos los líderes religiosos, incluyendo a los no católicos y no cristianos del mundo, lo que tendría lugar en Asís en octubre de 1986.

El Papa anunció la iniciativa el 25 de enero de 1986, y las reacciones negativas no se hicieron esperar. ¿Acaso la reunión de dirigentes religiosos en un mismo lugar no daría a entender que la Iglesia católica consideraba igualmente válidas todas las tradiciones religiosas? ¿Cómo iba a orar el Papa con hombres y mujeres que veneraban otro Dios..., o varios? Las preguntas tocaban cuestiones teológicas serias, especialmente, la propuesta de un sincretismo inaceptable por la Iglesia institucional.

La argumentación del Papa era que no se trataba de una oración conjunta universal, algo que sí podría interpretarse como sincretismo, lo que no sólo sería inapropiado para la iglesia católica, sino para las demás religiones; pero otra cosa era "estar juntos para rezar". La tarea de los organizadores del evento consistía en encontrar la fórmula para que cada uno pudiera rezar a su manera y reunirse luego con los otros. Los hombres de la comisión encargada consideraban que además de los rezos debía haber ayuno. El Arzobispo Virgilio Noé, que había sido maestro de ceremonias del Papa y ejercía entonces como secretario de la Congregación para el Culto, propuso que el acto se presentara como una especie de peregrinación. Sumándolo todo,

Juan Pablo II decidió que el Día Mundial de la Oración por la Paz se celebrara en Asís, donde él también sería peregrino.

En espera de ese día, y mientras la curia seguía elaborando los planes concretos para Asís, el Papa, como parte de su proyecto ecuménico, partió hacia la India, país en el que tradicionalmente se han producido multitud de encuentros religiosos, generalmente pacíficos.

Juan Pablo II creó el Día Mundial de la Oración por la Paz.

En la India

l Papa viajó en avión de un lado al otro del vasto subcontinente, empezando por Delhi y tocando casi todas las ciudades importantes. El mismo día de su llegada visitó el lugar donde, en 1948, había sido incinerado Mohandas Gandhi, donde pronunció un sermón sobre las bienaventuranzas. Viajó después al Estado de Assam, en el extremo nororiental, una zona que solía estar cerrada a los extranjeros, y ofició una misa en un prado, mientras el gobierno metía en rediles de madera a los campesinos por motivos de control. En Madrás rezó en el emplazamiento tradicional de la tumba del apóstol Tomás.

El servicio cristiano a los pobres y los abandonados fue un tema constante en los discursos del Papa en Shillong, Madrás y Goa, Mangalore y Calcuta. En esta última ciudad se reunió con el símbolo viviente del servicio cristiano en la India, la madre Teresa, que a lo largo de los años había sacado del arroyo a unos cincuenta mil indios enfermos y los había acogido en su "Casa del Corazón Puro". La amistad entre el Papa polaco y la menuda monja de origen albanés fue profunda e intuitiva. Se entendían "sin demasiadas palabras", según el testimonio de alguien vinculado con Juan Pablo II. Para el Papa, la madre Teresa era un mensaje en forma humana al siglo XX, y la confirmación viva de que la ley del don de sí, grabada en la naturaleza humana, podía vivirse de una manera que llevase a la más honda felicidad; y nadie más feliz que la madre Teresa, que llevaba una vida de ascetismo casi inimaginable, rodeada de gente que sufría. A cada encuentro con el Papa (generalmente en Roma), la monja quería hablar de la expansión de su comunidad, Las Misioneras de la Caridad, quienes ya habían fundado una casa en Rusia y otra en China. Resultaba impresionante que aquella comunidad de religiosas que vivían el más duro de los compromisos, prosperara simultáneamente con el declive de otras comunidades. Más impresionante todavía era el testimonio diario de las Misioneras de la Caridad y la serenidad con la que soportaban sus privaciones. Juan Pablo II decidió que a Roma le convenía un testimonio como aquél, y cuando volvió de la India fundó un centro de acogida dentro del Vaticano, gestionado por las hermanas de la Madre Teresa.

El hecho de que la madre Teresa hiciera su labor en la India, donde los cristianos estaban en clara minoría, confería a la Iglesia una posición dentro de la sociedad india acreedora al respeto de todos, hasta del más nacionalista de los indios. La condición de ejemplo universal de bondad humana se manifestaba como autónomo, pero se encontraba indudablemente asociado al catolicismo.

Juan Pablo II y la madre Teresa de Calcuta se entendían sin "demasiadas palabras".

La gran oración de Asís

Con el paso del verano al otoño de 1986, los preparativos del Día Mundial para la Oración por la Paz fueron tocando a su fin. El acto se celebraría con la aprobación de los jerarcas de la curia o sin ella, por lo que ellos decidieron que era conveniente estar presentes. El evento arrancó el día 27 de octubre de 1986, con una sola complicación. El Cardenal Arinze había insistido en que se incluyera a animistas africanos entre los líderes religiosos. Uno de los que acudieron era uno muy viejo, y su atuendo, a pesar del intenso frío, era el tradicional, es decir, muy escaso. Se desmayó, pero fue reanimado al poco tiempo para reunirse con Juan Pablo II durante la comida que siguió al acto de clausura.

Sentado a la mesa, Juan Pablo II no tuvo ocasión de comer. Había encargado grabados para los demás dirigentes religiosos, que fueron distribuidos en el momento en que todo el grupo rompía el ayuno y entonces todos pidieron al Papa que firmara su ejemplar personal.

Juan Pablo II marcó con su presencia el Día Mundial para la Oración por la Paz.

La cara derecha de la moneda: Chile y Argentina

l general Augusto Pinochet se proclamó presidente de Chile a partir de un golpe militar en septiembre de 1973, con el que derrocó al gobierno de Salvador Allende, cuyo gobierno era marcadamente de izquierda. La dictadura de Pinochet prohibió los partidos políticos de izquierda, "suspendió" los del centro y emprendió una fuerte represión de los derechos civiles. En Chile hubo un gran número de "desaparecidos" y el régimen utilizó la tortura contra cualquiera que pareciera enemigo. No obstante, Chile no padeció los estragos de una larga represión, que en Argentina produjo más de catorce mil desaparecidos.

Los obispos chilenos habían reaccionado con lógica inquietud a la intención declarada del gobierno de Allende de crear un Estado marxista. La misma lógica había llevado al episcopado de Santiago a oponerse desde un principio a las violaciones de los derechos humanos en el régimen de Pinochet. El Cardenal Silva creó un "Vicariato para la Solidaridad" en Santiago, con objeto de prestar apoyo a las víctimas de la represión gubernamental. Silva fue también una figura clave en la labor mediadora de la Santa Sede durante 1978, el año en que Chile y Argentina parecían estar al borde de una guerra. El éxito de la mediación, cerrada en 1985 con el Tratado de Montevideo, contribuía a limpiar el camino para la peregrinación papal de 1987. Los chilenos estaban agradecidos por lo que había hecho Juan Pablo II en una situación que parecía desesperada.

Una parte del episcopado chileno temía que una visita papal tuviera el efecto de reforzar al régimen. El Cardenal Fresno y monseñor Precht, por el contrario, creían que la presencia del Papa, los preparativos para su visita y la experiencia comunitaria a que daría lugar podrían ser útiles para reactivar la sociedad civil chilena y, por consiguiente, para que el país diera un paso hacia la democracia.

El mensaje básico sería evangélico y moral: "Chile tiene vocación de entendimiento, no de conflicto", diría más tarde monseñor Precht. En sus treinta discursos chilenos, Juan Pablo II abundó en la misma idea y confirmó a la Iglesia en su papel de defensora de los derechos humanos y promotora de la reconciliación, al tiempo que indicaba a la oposición y al gobierno que la vía correcta era una transición no violenta hacia la democracia y el Estado de derecho previstos en el Acuerdo Nacional.

El segundo objetivo estratégico de la peregrinación era dar al pueblo chileno la oportunidad de que votaran con su presencia y su aplauso, pronunciándose así sobre el camino a seguir. Para las figuras principales del régimen de Pinochet, la palabra "reconciliación" enmascaraba la voluntad de intervención de una Iglesia politizada. El extremo contrario lo ocupaba una oposición de izquierdas que buscaba el enfrentamiento, sin retroceder ante la violencia, y que afirmaba que al pueblo no le interesaba ninguna reconciliación. Durante la visita, la palabra más aplaudida de los discursos de Juan Pablo II fue "reconciliación", y la peregrinación supuso un plebiscito informal sobre el porvenir de Chile.

El tercer objetivo era crear una experiencia de sociedad civil mediante lo que Monseñor Precht llamaba "reconquista de las calles". Las calles chilenas habían sido lugares de represión, peligro y enfrentamiento. Los viajes del papamóvil por las ciudades del país reactivaron la confianza de la gente. La calle quedaba convertida en un lugar donde los chilenos rezaban juntos, no en escenario de tumultos y violencia policial. Los emplazamientos escogidos para las misas del Papa fueron organizados con el objetivo de mezclar a la gente como no lo había estado en años. De nuevo, como en Polonia y Filipinas, la experiencia de solidaridad social creada por un acto religioso público de masas que se reveló como un antídoto poderoso contra la política del miedo.

Juan Pablo II llegó a Santiago el 1 de abril de 1987 y fue recibido por el presidente Pinochet, que defendió los últimos trece años de dictadura. Siguió el primer momento de "reconquista de las calles": la entrada triunfal del Papa en la capital del país, en cuya catedral recibió la bienvenida de la Iglesia chilena. Horas más tarde, subió a un monte con vista a la ciudad y la bendijo, haciendo mención especial de las personas que padecían exilio por sus convicciones políticas.

Al día siguiente, en el palacio presidencial, el Papa se entrevistó con el general Pinochet, en un encuentro privado al que también asistió el Arzobispo Angelo Sosdano, como nuncio papal. No hubo discursos. Durante la conversación, Pinochet preguntó al Papa: "¿Por qué la Iglesia habla siempre de democracia? Tanto vale un método como otro". Juan Pablo II discrepó con tanta educación como firmeza: "No, la gente tiene derecho a sus libertades, aunque cometa errores al ejercitarlas." Más tarde, Pinochet diría al mundo que la respuesta del Papa lo había llevado a plantearse más a fondo la cuestión. La intención inmediata, en todo caso, era conseguir una fotografía que pudiera interpretarse como una bendición papal al régimen. El entorno de Pinochet se las arregló para que Juan Pablo II saliera al balcón del palacio presidencial que daba a un patio atestado de simpatizantes del régimen, donde fue fotografiado en compañía del dictador. La imagen dio pie a interpretaciones y noticias erróneas. Algunos entendieron que el Papa confería legitimidad al gobierno. Las palabras dirigidas ese mismo día a estudiantes en Valparaíso deberían haber bastado para desmentir esa impresión. En un estadio donde años antes habían sido detenidos y torturados los oponentes de Pinochet, Juan Pablo II exhortó a la no violencia, al tiempo que aplaudía la aspiración de los jóvenes "a una sociedad más en consonancia con la dignidad del hombre". La elección del escenario no había sido accidental, y tampoco la insinuación de que el cambio era imprescindible.

El verdadero enfrentamiento se produjo al día siguiente, 3 de abril. Faltaba poco para que se celebrara una misa en el parque O'Higgins, de Santiago, donde se calculaba una asistencia de un millón de personas. Monseñor Precht, responsable de los servicios litúrgicos durante la peregrinación, llegó temprano al parque y advirtió que algo iba mal. La multitud más próxima a la plataforma del altar no respondía como de costumbre en los momentos anteriores a la misa. Se le dijo al Papa que pasaba algo raro, y que podía haber problemas. La respuesta fue sencilla: "Lo haremos todo como estaba planeado". En la primera parte de la misa, durante la lectura de la Biblia, estallaron disturbios a la izquierda del Papa. Además de impedir la audición de la lectura, los alborotadores quemaron unos neumáticos con los que habían entrado al parque. La policía reaccionó tarde, y cuando lo hizo agravó el problema usando chorros de agua y gas lacrimógeno, con el resultado de seiscientos alborotadores y policías heridos. En pleno tumulto, un miembro del gobierno chileno se volvió serenamente hacia el padre Roberto Tucci, el organizador de los viajes papales, y comentó: "Está bien que haya pasado, porque así el Papa se dará cuenta de cómo es esta gente." Se refería a los supuestos izquierdistas que quemaban neumáticos.

Tucci, por su parte, se planteó muy en serio la posibilidad de llevarse al Papa, cosa que no había sucedido en todo el pontificado. La combinación de goma quemada y gas lacrimógeno dificultaba la respiración de Juan Pablo II y de los demás ocupantes de la plataforma del altar. Sin embargo, poco a poco, el humo fue disipándose; la policía, que tanto había tardado, terminó de controlar el desorden, y Juan Pablo II siguió adelante. Varios niños recibieron la primera comunión de un Papa con los ojos llenos de lágrimas, no por la emoción, sino a causa de haber inhalado gases lacrimógenos. Al final de la misa, Juan Pablo II se quedó en la plataforma más tiempo de lo planeado, de rodillas delante del altar y mirando el parque. De un acto así no lo sacaba nadie. El Cardenal Fresno, mortificado, se acercó al Papa y le dijo: "Perdonadnos". Juan Pablo II contestó: "¿Por qué? Los suyos se han quedado y han celebrado la misa. Si algo hay que hacer en estas situaciones es rendirse a los alborotadores."

En el camino de regreso a la nunciatura, las calles de Santiago estaban llenas de gente que quería expresar su solidaridad con el Papa y con su negativa a dejarse intimidar. Ni el padre Tucci ni Monseñor Precht creen que el incidente del parque O'Higgins pudiera haber ocurrido sin la conformidad tácita del régimen de Pinochet. El tema primordial de la peregrinación papal había sido la reconciliación. El gobierno tenía que demostrar que estaba dispuesto a ejercer la violencia en cualquier circunstancia. En un Estado policial como aquél, resultaba inconcebible que unos agitadores pudieran haber introducido neumáticos y gasolina en un recinto controlado sin que el régimen se hiciera de la vista gorda. Otro lado sospechoso es la lenta intervención policial, y por si esto fuera poco, resulta que no se hizo ningún arresto, y ello a pesar de dos cosas: la violencia de la intervención de las fuerzas de seguridad y el hecho de que el incidente hubiera sido filmado de principio a fin.

Después de la misa y el incidente, Juan Pablo II recibió a un grupo de líderes políticos de la oposición en la nunciatura de Santiago. El gobierno no veía esta reunión con buenos ojos, pero el Nuncio Sodano les dijo que era positiva, tanto en sí misma como para el país. En sus breves comentarios redactados de antemano, Juan Pablo II hizo hincapié en que los derechos humanos eran inalienables, pero que debían defenderse sin violencia. Eran temas conocidos, pero la reunión tuvo un impacto considerable. Oficialmente, Chile carecía de oposición política. En el encuentro de Juan Pablo II con varios líderes comprometidos con la transición no violenta a la democracia demostró que la realidad oficial era irreal.

A los dieciocho meses de la visita papal, el 5 de octubre de 1988, un plebiscito nacional rechazó oficialmente la permanencia del gobierno militar. El 14 de diciembre de 1989, Patricio Aylwin, demócrata cristiano y líder de la Concertación de los Partidos por la Democracia, fue elegido presidente de Chile con el cincuenta y cinco por ciento de los votos, contra un candidato del gobierno que no llegó al treinta por ciento y un representante de la oposición conservadora, que obtuvo sólo el 15 por ciento. Según los acuerdos a que habían llegado a principios de 1989 el gobierno y la oposición democrática, el general Pinochet seguiría siendo jefe de las fuerzas armadas, pero el papel del ejército en la vida pública chilena quedaba notablemente reducido.

Argentina había hecho su transición a la democracia como una secuela de la desastrosa guerra de las Malvinas, pero el gobierno del presidente Raúl Alfonsín no gozaba de una firmeza total. Las fuerzas armadas conservaban una influencia política considerable, y el compromiso popular con la democracia no era tan sólido como para que resultara inconcebible un retroceso a la época militar. Aún estaban frescas las cicatrices de la "guerra sucia" del régimen militar contra las guerrillas y sus presuntos simpatizantes durante los sesenta, años de torturas generalizadas donde una gran cantidad de gente pagó con su vida cualquier actitud de oposición al régimen. El Nuncio papal, el Arzobispo Pio Laghi, había hecho mucho a favor de los prisioneros políticos, advirtiendo repetidamente en sus audiencias públicas de que el país contenía un "Auschwitz" y un "Gulag". La firmeza del Nuncio había sido objeto de críticas por parte de obispos y seglares argentinos.

El segundo país beneficiario de la mediación del Papa en el conflicto del canal de Beagle era un reto difícil. Había que resolver las disensiones internas de la Iglesia e instar a los obispos a que ejercieran con mayor firmeza sus responsabilidades como testigos morales públicos. Era necesario subrayar la importancia de los derechos humanos sin enardecer a un ejército inquieto ni poner en peligro una democracia frágil que empezaba a echar raíces. La paz, la reconciliación y los cimientos morales de la sociedad civil fueron los temas protagonistas de los treinta discursos que pronunció Juan Pablo II en una semana.

La misma tarde de su llegada, el 6 de abril, Juan Pablo II se entrevistó con el presidente Raúl Alfonsín y varios miembros del gobierno en la Casa Rosada, en Buenos Aires, donde habló de la necesidad de que el Estado respetase "la libertad legítima de los individuos, las familias y los grupos menores." En Bahía blanca, ciudad del sur agrícola de Argentina, puso en guardia a su auditorio contra "esa imagen moderna de la avaricia que es el *consumismo*", contraponiéndolo a "la bella virtud de la gente del campo: su *solidaridad*". Durante una homilía en Viedma, el Papa hizo hincapié en "el amor preferente de Cristo por los más necesitados", amor que el Señor había expresado "evangelizando a los pobres" y "anunciando la redención a los cautivos, a los ciegos y los oprimidos".

En Mendoza subrayó que la conversión personal era imprescindible para crear una verdadera sociedad civil. En Tucumán, alertó contra el nacionalismo y la xenofobia, que a punto habían estado de provocar una guerra entre Argentina y Chile. En Rosario, el 11 de abril, se extendió sobre el apostolado laical en el mundo, y conminó a los católicos argentinos a no quedarse al margen de la vida pública, sino "ser luz y sal donde quiera que estén". Los jóvenes de todo el mundo que habían acudido a Buenos Aires para el Día Mundial de la Juventud recibieron el encargo de ser "trabajadores de la paz" por las sendas "de la justicia, la libertad y el amor".

Juan Pablo II fue muy criticado por los activistas políticos y la prensa de izquierda por no haberse reunido con un grupo de madres de desaparecidos, cuando lo cierto es que su mensaje sobre los cimientos morales de la sociedad libre no pecaba ciertamente de ambiguo. Lo expuso con mayor dureza el domingo de Ramos, durante una misa para la juventud, cuando habló del interrogatorio y la tortura de Cristo antes de su crucifixión, imagen dotada en aquel momento de "una realidad y una elocuencia nuevas". Había que ser sordo para no captar la referencia local. Igual de equívocas fueron, horas después, sus palabras de admonición a los Obispos argentinos: "Permanecer atentos a lo que la propia sociedad, por secularizada que esté o indiferente que parezca, espera de vosotros, como testigos de Cristo y custodios de valores absolutos."

Los jóvenes debían ser "trabajadores de la paz" por las sendas de la justicia, la libertad y el amor.

Filosofía social de la Iglesia

on su encíclica sociopolítica *Sollicitudo rei socialis* (Preocupación en asuntos sociales), promulgada el 19 de febrero de 1988, Juan Pablo II se proponía tres cosas: Quería conmemorar el vigésimo aniversario de la encíclica social de Pablo VI, *Populorum progressio* (El progreso de los pueblos) y poner al día la doctrina social de la Iglesia a la luz de la búsqueda acelerada de la libertad que se vivía en todo el mundo, y de la nueva demografía del catolicismo planetario, dominada por el Tercer Mundo. El tercer objetivo era burocrático: lograr que la curia romana aceptara su visión del papel de la Iglesia en el mundo como desarrollo legítimo del Vaticano II. La primera meta no planteó la menor dificultad. Las cuarenta citas a la *Populorum progressio* integradas en la *Sollicitudo* garantizaron que la encíclica del Papa Pablo VI fuese conmemorada ampliamente. En cambio, resultó difícil combinar los otros dos objetivos. El resultado fue una encíclica que parecía ser obra de una comisión, con algunas partes que distraían la atención de la originalidad del análisis del Papa y los principales temas públicos de su pontificado.

Aunque la *Sollicitudo* sea una encíclica de Juan Pablo II y lleve su autoridad papal, el documento fue el resultado de complejas consultas y arduos debates en el seno de la curia romana. En sus primeros nueve años de pontificado, Juan Pablo II había vivido una experiencia sin comparación de lo que era la Iglesia mundial, incluyendo la inminencia de cambios trascendentales donde otros sólo veían la repetición de lo mismo. Su visión de la dinámica del cambio social, centrada en la cultura, lo apartaba de las ideas

La encíclica fue promulgada el 19 de febrero de 1988.

habituales sobre la correcta relación entre la Iglesia y el mundo de la política y la economía, llevándolo a cuestionar tanto la postura tradicionalista como la politización por la que abogaba la teología de la liberación. Quizá una encíclica social elaborada con amplias consultas a la curia contribuyera a inculcar mejor a la burocracia romana esa visión nueva de la Iglesia en el mundo moderno.

La encíclica fue promulgada el 19 de febrero de 1988. En ella, después de la sección sobre *Populorum progressio*, Juan Pablo II trazaba un programa social, económico y político de la situación del mundo en esas fechas, profundizaba en el núcleo moral del "verdadero desarrollo humano", analizaba los obstáculos morales para la reforma política y económica y dibujaba la relación entre el desarrollo y la liberación cristiana. Por lo demás, aportaba innovaciones de mucho peso a la doctrina social de la Iglesia, reflejando con ello el deseo de "ir más lejos" que en diversas ocasiones había expresado Su Santidad.

En su interpretación más generalizada, la *Populorum progressio* había sido recibida como un documento a favor del protagonismo del Estado en el desarrollo económico del Tercer Mundo. *Sollicitudo* definía un "derecho de iniciativa económica" personal tan básico para el individuo como para el bien común, y alegaba que las iniciativas personales no podían ser suprimidas en nombre de "la supuesta igualdad de todos los miembros de la sociedad". *Populorum progressio* apenas había hecho alusión a la relación entre los diversos sistemas políticos y las esperanzas de desarrollo económico en los países pobres. *Sollicitudo* es resueltamente antitotalitaria, y concretamente anticomunista. Niega que exista el derecho a que "un grupo social, como por ejemplo un partido político, usurpe el papel de líder único".

Populorum progressio presentaba la economía del desarrollo como una variable independiente en la vida de la sociedad. *Sollicitudo*, fiel al protagonismo que otorga Juan Pablo II a la cultura en el cambio social, afirma que la sociedad civil es esencial para el desarrollo. El tema se expone con mayor detalle en una sección dedicada por entero a los derechos humanos y el desarrollo, tema que no ocupaba ningún lugar destacado en *Populorum progressio*. En ella, Juan Pablo II sostiene que el subdesarrollo depende tanto de la precariedad de los derechos civiles como de los errores económicos.

Populorum progressio hacía hincapié en la obligación de que el mundo desarrollado ayudara al subdesarrollado. Juan Pablo II subraya con firmeza esa exigencia moral, pero añade que el deterioro de la situación del Tercer Mundo desde *Populorum progressio* también se debe a casos "indudablemente graves de omisión de los propios países en vías de desarrollo, sobre todo por parte de las personas que detentan el poder económico o político". Para que se produzca un desarrollo humano integral hace falta que los países del Tercer Mundo "reformen determinadas estructuras injustas, y concretamente sus *instituciones políticas*", a fin de sustituir las formas de gobierno corruptas, dictatoriales y autoritarias por otras *democráticas y participativas*.

Todos estos temas guardan absoluta coherencia con las enseñanzas de Juan Pablo II a lo largo de nueve años. Lo polémico de *Sollicitudo* era su análisis de la situación mundial, que se parecía a las posturas más habituales en muchos organismos de justicia social vinculados a la Iglesia, y entre determinados activistas que no destacaban por su anticomunismo. Tanto el "capitalismo liberal" como el "colectivismo marxista", las dos ideologías responsables de la tensión entre el Este y el Oeste, eran "imperfectas y necesitadas de una corrección radical". Pero no quedaba ahí la cosa, "a su manera, cada uno de los dos *bloques* alberga una tendencia al *imperialismo*, o a formas de neocolonialismo, fácil tentación a la que sucumben con frecuencia, como lo demuestra la historia, incluida la más reciente".

Trasladado al Tercer Mundo, el choque entre el Este y el Oeste se convertía en "obstáculo directo a la transformación real de las condiciones de subdesarrollo en los países en vías de desarrollo y menos avanzados", y nacía de "una preocupación exagerada por la seguridad, que amortigua el impulso hacia la cooperación de todos por el bien común del género humano".

El final del humanismo ateo

urante la Segunda Guerra Mundial, como propuesta de análisis de los terrores singulares de mediados del siglo , Henri de Lubac sostuvo que el "humanismo ateo" era una verdadera novedad en el panorama del género humano. El "ateísmo cotidiano" había estado presente a lo largo de la historia, pero ese ateísmo era otra cosa: poseía una visión filosófica del mundo que de alguna manera era una simple oposición al panteísmo imperante. Para el nuevo humanismo, el "deshacerse de Dios" era un requisito para "recuperar la grandeza humana". Se trataba de un humanismo ateo que luchaba por imponerse sobre la conciencia humana como una propuesta de liberación. Esto, según De Lubac, era la raíz de la "gran crisis de los tiempos modernos".

La idea del humanismo ateo había tenido consecuencias incalculables. Canalizada por la política de Lenin, Stalin, Mao y otros personajes del comunismo, había demostrado algo, o al menos eso creía De Lubac: *No es verdad lo que se dice a veces, que el hombre no puede organizar el mundo sin Dios. Lo que sí es verdad es que sin Dios, en última instancia, sólo puede organizarlo en contra del hombre. Un humanismo sin Dios es un humanismo inhumano.*

El 1 de diciembre de 1989, el representante del mayor experimento mundial del humanismo ateo, La Unión Soviética, viajó al Vaticano para entrevistarse con el mayor representante del humanismo cristiano del mundo.

Poco importaba que Mijaíl Gorbachov respondiera a una nueva modalidad de máximo dirigente soviético, sin la perfidia y la crueldad a sangre fría de sus predecesores estalinistas ni el ardor revolucionario de los primeros bolcheviques. Es posible que a estas alturas, Mijaíl Gorbachov hubiera empezado a dudar de la posibilidad de reformar el comunismo. Él había empezado a comprender que no podía darse una verdadera reestructuración (*perestroika*) sin una apertura (*glasnost*) mucho mayor, lo cual significaba el final del monopolio del Partido Comunista sobre el poder. De todos modos, aquel día no tenía especial relevancia lo que pensara Gorbachov sobre el futuro inmediato. La historia lo llevaba al Vaticano como encarnación de una de las potencias protagonistas del gran drama de la época contemporánea, como representante de un siglo de esfuerzos por liberar la humanidad, con base en el humanismo ateo.

La visita de Gorbachov a Juan Pablo II dio inicio a una nueva era.

Un encuentro histórico:
Gorbachov y el Papa

Toda Roma sabía que el 1 de diciembre de 1989 se fraguaba algo muy importante. Una multitud de romanos perplejos invadía las calles. Los periodistas, de ordinario escépticos, estaban sinceramente entusiasmados. Los veteranos de la curia se asomaban a las ventanas para ver al presidente de la URSS y a su mujer, Raisa, cuyo coche dio la vuelta por la plaza de San Pedro, recorrió un tramo corto de la via di Porta Angelica, atravesó la Porta Sant'Anna y subió por la suave cuesta del monte Vaticano. El heredero de la revolución de Lenin y su esposa fueron recibidos con honores de Jefe de Estado por el prefecto de la Casa Pontificia.

La televisión estatal italiana había repartido cámaras por todo el Palacio Apostólico, a fin de que los espectadores pudieran asistir al histórico recorrido del dirigente soviético hacia el apartamento papal. Desde el principio quedó claro que Gorbachov, muy consciente de la importancia del momento, se encontraba incómodo, sobre todo tratándose de un político que solía mantenerse con gran aplomo. Un seminarista que veía la escena por televisión comparó mentalmente a Gorbachov con un convicto avanzando por el corredor de la muerte en dirección hacia la sala de ejecuciones. Distinto fue el parecer de un veterano periodista romano, que no percibió a Gorbachov asustado, sino conmovido y abrumado. El portavoz papal Joaquín Navarro-Valls, que había sido psiquiatra, pensó que el dirigente soviético estaba tenso e incómodo, nada seguro de qué actitud tomar, al margen de su estado emocional. Lo cierto es que los primeros minutos de Gorbachov en el Vaticano no proyectaron la imagen de un hombre bien dispuesto ante lo que estaba a punto de ocurrir, quizá porque no estaba seguro del contenido exacto de lo que le esperaba. No obstante, algo debió intuir sobre el significado histórico de aquel momento. Por el mero hecho de su presencia en el Vaticano, el sistema que representaba Gorbachov reconocía haber cometido un error en lo concerniente a la relación entre el cristianismo genuino y la liberación humana.

Los periodistas tenían permiso para asistir a los primeros momentos del encuentro entre el Papa y el líder soviético, y los más avezados en esa clase de episodios se dieron cuenta enseguida de que Juan Pablo II participaba con sus sentimientos en el acto. A decir de los veteranos, sus primeras reacciones solían dar indicios sobre lo que se avecinaba, y el Papa dispensó a Mijaíl y a Raisa una acogida sumamente cordial. Tenía a Gorbachov por un hombre de principios, alguien que actuaba de acuerdo a sus convicciones. Quizá, en principio, el deseo de Gorbachov era "salvar al comunismo con rostro humano", pero a un hombre de principios era posible convencerlo, comprenderlo y tratarlo de una manera a la que no se prestaban las personas que sólo pensaban en el poder.

Mientras Raisa Gorbachov visitaba la Capilla Sixtina, el presidente soviético y el Papa hablaron durante hora y media, treinta minutos más de lo previsto. Según Gorbachov, Juan Pablo II habló de su "credo europeo" y su convicción de que la unión de Europa estaba en marcha. Debía considerarse como un regreso a la normalidad, a la trayectoria legítima de Europa. De ello se deducía, entre otras cosas, que el Oeste no debía considerar los hechos de 1989 como una victoria, sino como una oportunidad para recuperar una faceta de su herencia.

Una vez finalizada la conversación, Raisa Gorbachov fue introducida en la sala para ser presentada oficialmente al Papa. Su marido, que ahora estaba muy relajado, la tomó de la mano y le dijo: "Raisa Maximova, tengo el honor de presentarte a la máxima autoridad moral del planeta".

Cuando Juan Pablo II y Gorbachov salieron de la biblioteca papal para sumarse a sus respectivos séquitos y hacer declaraciones oficiales, ninguno de los presentes fue inmune a la excitación del momento. En el momento de subir al podio para pronunciar su discurso oficial de bienvenida, a Juan Pablo II le temblaban las manos. Empezó diciendo que le proporcionaba "especial satisfacción" dar la bienvenida al Vaticano al presidente soviético, su esposa, el ministro de Exteriores y el resto del séquito. Siguió a esas palabras una lección de historia en tono benévolo y una reflexión sobre el gran drama que se interpretaba aquel día. En seguida entró Juan Pablo II en el tema de la libertad religiosa, pensando específicamente en Lituania y Ucrania, pero escogiendo las palabras que dejaran clara su preocupación por la libertad religiosa de todos, el Papa combinó la cortesía con la franqueza: "Los hechos de las pasadas décadas, y las pruebas dolorosas que han tenido que pasar tantísimos ciudadanos a causa de su fe, son harto conocidos. Concretamente, de todos es sabido que en la actualidad muchas comunidades católicas esperan con impaciencia la oportunidad de restablecerse y poder disfrutar del papel rector de sus pastores." Era hora, por tanto, de cumplir "la decisión en la que más de una vez se ha reafirmado su gobierno, de llevar a cabo una renovación de la legislación interna" sobre la libertad religiosa, a fin de que la práctica soviética pudiera "armonizarse plenamente con los solemnes compromisos internacionales suscritos por la Unión Soviética". Era el mismo argumento que había expuesto el Papa a Leonid Brézhnev, en su histórica carta del 6 de diciembre de 1980. Instando al predecesor de Gorbachov a no invadir Polonia. Esta vez, lo que estaba en juego eran las disposiciones sobre los derechos humanos. En todo caso, las expectativas de Juan Pablo II se basaban al próximo debate del Sóviet Supremo acerca de las diversas aperturas que se planteaba en la *Perestroika*.

El dirigente soviético no se quedaría atrás en cuanto a definir la excepcionalidad del momento: *Ha ocurrido algo realmente extraordinario, algo que ha sido posible gracias a los profundos cambios que están produciéndose en muchos países y naciones.* Dando un brusco fin a setenta años de feroz propaganda soviética contra el Vaticano, Gorbachov reconoció sin rodeos que la Santa Sede trabajaba "para propiciar la solución de problemas comunes a toda Europa, y crear un entorno externo favorable que permita a los países la toma independiente de decisiones". A continuación el presidente soviético dijo que las relaciones diplomáticas entre la Santa Sede y la URSS eran un tema prácticamente resuelto, y que en breve los diplomáticos de ambas partes se ocuparían de las "formalidades". Gorbachov declaró cumplir su promesa sobre una nueva ley sobre libertad religiosa y terminó diciendo: *Dentro del ámbito del movimiento de la "perestroika" estamos aprendiendo el arte, difícil, pero indispensable de la cooperación global y la consolidación de la sociedad con la renovación como base.*

Esta visita fue un hecho histórico de gran trascendencia; en ese momento había caído el telón de la puesta en escena del humanismo ateo. Como sistema filosófico, político y económico, la Unión Soviética comenzaba a derrumbarse, y con esto cambiaba la fisonomía del siglo XX.

De nuevo en la ONU

E l 5 de octubre de 1995, Juan Pablo II volvió a tomar la palabra en la Asamblea General de las Naciones Unidas. Gracias a su intensa labor política se había convertido en una de las figuras dominantes del momento. Ante una masiva audiencia televisiva, Juan Pablo II hizo un análisis de lo que había significado este siglo y de lo que quizá traería consigo el nuevo milenio.

Como lo hiciera en múltiples foros durante los últimos años de su pontificado, el tema de su discurso fue el de los derechos humanos, pero en esta ocasión su disertación no fue tan filosófica, sino que se centró en el análisis de "las consecuencias que los extraordinarios cambios de los últimos años implican, no sólo en el presente sino en el futuro de las humanidades". Desde que se había dirigido por última vez a los miembros de las Naciones Unidas, "la aceleración global de la búsqueda de libertad, que es uno de los principales motores que impulsan la historia", había justificado la esperanza que albergara en 1979. "Los hombres y las mujeres de todo el mundo, incluso amenazados por la violencia, se han arriesgado a luchar por la libertad." El hecho de que esta actitud se hubiera puesto de manifiesto en tantas culturas y circunstancias, era, sin duda, la respuesta empírica a aquellos que todavía seguían sosteniendo que el deseo de libertad no era universal.

El carácter global del movimiento en favor de los derechos humanos había confirmado empíricamente la existencia de una naturaleza humana universal y de una ley moral también universal. La "lógica moral", connatural a los seres humanos, constituye la base para el auténtico diálogo entre las personas y los pueblos. Si el mundo deseaba que "un siglo de violenta coerción fuera sucedido por un siglo de persuasión", el diálogo era un imperativo, y la "ley moral universal inscrita en el corazón humano es precisamente la 'gramática' necesaria para que el mundo se comprometa a mantener este diálogo en el futuro".

La universalidad de la naturaleza humana y los derechos humanos llevó al Papa a tratar las particularidades de sus cuestionamientos, señalando que la historia había demostrado que los hombres y las mujeres toman conciencia de su naturaleza humana formando parte de una familia y una nación concreta. No obstante, al hacerlo se enfrentaban a una tensión inevitable entre lo universal y lo particular, los dos polos de la condición humana. Esta tensión, decía Juan Pablo II, podía ser "singularmente fructífera si es vivida con la tranquilidad y el equilibrio necesarios para reconocer los derechos de las naciones", derechos que, en primer lugar, son culturales. No todas las naciones pueden convertirse en Estados soberanos, pero cualquier nación, entendida como una entidad cultural con una historia concreta, tiene derecho a ser respetada y protegida. "Nadie tiene derecho a afirmar que una nación individual no merece existir... La historia nos muestra que, en circunstancias extremas, la cultura garantiza la supervivencia de la nación tras la pérdida de su independencia política y económica." En otras palabras, una cultura nacional posee por sí misma una cualidad espiritual. Y ha sido precisamente el espíritu humano el que, a lo largo del tiempo, ha demostrado ser la fuerza más poderosa a la hora de abordar los problemas mundiales.

La historia reciente muestra que "el mundo todavía debe aprender a vivir con la diversidad". La "diferencia" sigue siendo considerada una amenaza. Cuando la "diferencia" es "magnificada por las injusticias históricas y exacerbada por personas sin escrúpulos, el temor a la diferencia puede conducir a la negación de la humanidad del otro, y los pueblos pueden quedar atrapados en una violenta espiral de la que nadie escapa, ni siquiera los niños". Esta era la razón por la que el mundo debía aprender que la diferencia es siempre enriquecedora, porque "las diferentes culturas no son sino diferentes formas de responder a la pregunta sobre el sentido de la existencia humana..., y porque en la base de cada cultura se halla su distintiva respuesta al mayor de todos los misterios: el misterio de Dios".

La libertad religiosa y la libertad de conciencia son, por lo tanto, "las piedras angulares de la estructura de los derechos humanos y el fundamento de cualquier sociedad realmente libre". La libertad religiosa, como cualquier otro tipo de libertad, tiene un objetivo: vivir en la verdad, que a su vez es la gran protectora de la libertad: "Lejos de limitar la libertad o amenazarla, la verdad de la persona humana... es, de hecho, la garantía de futuro de la libertad."

El siglo XX se aproximaba a un final inmerso en una gran paradoja. A principios de siglo la humanidad confiaba ciegamente en sí misma y estaba plenamente convencida de haber alcanzado su madurez. Sin embargo, el siglo estaba finalizando con un mundo sumido en un profundo temor. Los seres humanos tienen miedo de sí mismos y de lo que son capaces de llegar a hacer, tienen miedo del futuro. En el umbral del cambio de milenio "debemos aprender a no tener miedo", debemos descubrir el espíritu de la esperanza y la confianza, para hacer posible "un nuevo florecimiento del espíritu humano a través de la auténtica cultura de la libertad".

El Papa se apresuró a decir que no se trataba de optimismo, sino de esperanza; una esperanza alimentada "en ese santuario interior de la conciencia donde el hombre se encuentra con Dios, y percibe que, a pesar de los enigmas de la existencia, no está solo". El optimismo es meramente psicológico, la esperanza es una virtud teologal que deriva de la fe. Para vencer el miedo a "los horrores de este final de siglo" los políticos y diplomáticos "deben recuperar la visión de ese horizonte trascendente de posibilidades a que aspira el alma de todo hombre".

La esperanza requiere cimientos sólidos. Para el Papa, así como para el resto de los cristianos, este fundamento es Jesucristo "en cuya muerte y resurrección se revelan el amor de Dios y su cariño por la creación". Esta convicción conduce a la esperanza universal, ya que puesto que los cristianos creyeron que Dios había llegado a ser parte de la historia de la humanidad en Jesucristo, "la esperanza cristiana para el mundo y el futuro alcanza a toda persona humana". Así, pues, la fe cristiana no conduce a la intolerancia, sino a un diálogo respetuoso con otras tradiciones religiosas y a un sentido de responsabilidad por toda la humanidad.

En la muerte y resurrección de Jesucristo, se revelan el amor de Dios y su cariño por la creación.

Por fin... Cuba

A pesar de su deteriorada salud, y con setenta y siete años encima, Juan Pablo II quiso realizar uno de sus más acariciados proyectos: visitar Cuba.

El catolicismo cubano no había sido nunca clandestino, como lo fuera en otros países comunistas. Sin embargo, había sido perseguido en los inicios del régimen revolucionario, y después no dejó de ser hostilizado por los ideólogos marxistas de Castro. Mientras se producía el inminente colapso del comunismo europeo, y el principal protector económico de Cuba, la Unión Soviética, aumentaba la presión del régimen cubano, los líderes de la Iglesia en Cuba se mostraron más optimistas, porque el gobierno parecía dispuesto a explorar nuevas vías de diálogo, ya que buscaba una forma de salir de su aislamiento. En 1988, el Cardenal de Nueva York, John O'Connor, había viajado a La Habana para honrar la memoria del padre Félix Varela, héroe del siglo XIX de la lucha cubana por la independencia, que había muerto exiliado en Nueva York. Mientras O'Connor entraba en la catedral de La Habana para celebrar misa una tarde, fue recibido con una calurosa ovación en medio de una lluvia de papeles blancos, donde figuraban los nombres de los prisioneros políticos cuyas familias esperaban que el Cardenal pudiera negociar sus casos con el gobierno. O'Connor dio los nombres a Castro cuando se reunieron durante cuatro horas a requerimiento del Comandante, y según sus hábitos nocturnos: de las once y media de la noche hasta las tres y media de la madrugada. El Cardenal de Nueva York, preparado para dar de sí lo mejor en sus intercambios con Castro, impresionó al líder cubano. El

Cardenal Roger Etchegaray, presidente del Pontificio Consejo Justicia y Paz, planteó la cuestión de una peregrinación papal a Cuba durante su visita a La Habana, en 1988. Tras la invitación formal de los Obispos cubanos, los planes de la visita papal comenzaron a perfilarse.

A finales de 1989, los Obispos cubanos, impresionados por los acontecimientos que estaban produciéndose en Europa, escribieron a Castro y le instaron a cesar su poder totalitario. El líder cubano montó en cólera, denunció a los Obispos de ser colaboradores contrarrevolucionarios y negó el permiso para descargar un equipo de impresión que había llegado desde Alemania para la Iglesia. La planificación para la visita papal siguió en medio de un periodo de represión intensificada que, curiosamente, se dio junto con dos cambios en el régimen. En 1991, el Partido Comunista Cubano accedió a admitir creyentes en sus listas, y en 1992 declaró a Cuba como Estado oficialmente "laico", en vez de "ateo". Sin embargo, en la Cumbre Mundial del Medio Ambiente celebrada en Río de Janeiro, Castro acusó a los Obispos cubanos de colaborar con el gobierno de los Estados Unidos, por lo que la visita del Papa fue cancelada.

En 1993, los Obispos cubanos hicieron pública una carta pastoral en la que deploraban el penoso estado económico, social y moral de la isla. Los Obispos advirtieron que muchos cubanos estaban viviendo en un "exilio interior", pues sus aspiraciones se centraban en ciertos bienes que sólo podían encontrarse fuera de Cuba. La carta también acusaba al régimen del éxodo masivo de refugiados e instaba a que a los exiliados se les permitiera contribuir en la solución de los problemas de Cuba. Juan Pablo II apoyó enérgicamente la iniciativa de los Obispos, lo que ultrajó al gobierno cubano. En 1994, buscando fortalecer a la Iglesia, Juan Pablo II nombró Cardenal al octogenario Arzobispo de La Habana, Jaime Ortega y Alamino, quien había sido prisionero en uno de los campos de trabajo del régimen cuando había sido seminarista. Castro permitió que Ortega participara en el consistorio del 26 de noviembre para recibir el birrete rojo.

Del 25 al 28 de octubre de 1996, el Arzobispo Jean-Luis Tauran visitó Cuba. Castro lo hizo esperar hasta la medianoche para reunirse con él, y a continuación lo sometió a una arenga de tres horas. A pesar de ello, el diálogo a nivel oficial se había reabierto. El siguiente mes, Castro acudió a la Cumbre Mundial de Alimentación, celebrada en Roma, y fue recibido por Juan Pablo II en una audiencia privada el 19 de noviembre. En esa ocasión, el propio Castro invitó formalmente a Juan Pablo II a visitar Cuba.

La planificación de la visita a Cuba se trabajó durante 1997. El Papa y la Santa Sede estaban decididos a hacer de la visita la ocasión para resolver algunos de los problemas más acuciantes de la Iglesia en la isla. Había una gran escasez de trabajadores pastorales, porque el régimen estaba bloqueando la entrada de sacerdotes y monjas. Por otra parte, la completa falta de acceso a los medios de comunicación significaba que la Iglesia no tenía forma de presentarse a sí misma en la sociedad cubana. La proscripción de la Iglesia para que distribuyera la ayuda humanitaria, que de todos modos no se recibía, hizo que quedara relegada a una agencia de beneficencia para el régimen. A todo esto había que sumar el destino de los novecientos prisioneros políticos en las prisiones de Castro. A pesar de no haberse abordado estos problemas abiertamente y de que la cuestión logística sobre el acceso público a los eventos papales en Cuba seguía abierta, el portavoz papal, Joaquín Navarro-Valls voló a La Habana en octubre de 1997, tres meses antes de la llegada del Papa.

Navarro recibió instrucciones de los oficiales cubanos para llamar a Castro "Comandante". Él se negó, diciendo que se dirigiría a Castro como "Señor presidente", lo anterior pareciera una cuestión de simple protocolo, pero el sentido de este juego de términos es inducir al otro a manejar la retórica propuesta, y con ello jugar en el terreno ideológico del régimen. Cuando el portavoz papal fue conducido al despacho de Castro, éste lo recibió diciendo "¿Qué me cuenta del Papa?" A lo que Navarro replicó: "Señor presidente, lo envidio." Castro preguntó "¿Por qué?", "porque el Papa reza por usted cada día, reza para que un hombre con su formación encuentre el camino hacia Dios." Castro simplemente guardó silencio. Navarro procedió a describir la rutina de un día cualquiera de Juan Pablo II, acentuando que su hora de oración privada, antes de la misa de las siete y media de la mañana, era el mejor momento del día. Navarro comentó más tarde que, mientras Castro escuchaba sus palabras, la expresión de su rostro parecía la de un hombre que recuerda las viejas costumbres de su infancia.

Cuando terminó la reunión, Castro acompañó a Navarro-Valls hasta su coche, intercambiando bromas y recuerdos acerca de su reunión con el Papa en Roma. Navarro se marchó convencido de que Castro estaba decidido a propiciar el buen desarrollo de la visita del Papa.

Antes de la llegada del Papa, el 21 de enero de 1998, la inevitable cuestión era en qué cambiaría Cuba con su visita. La ceremonia de llegada al aeropuerto José Martí fue una primera respuesta. Por primera vez en cuarenta años, Fidel Castro y su revolución no eran el foco de atención público. Otra revolución, una revolución cristiana que buscaba restaurar en la población cubana su verdadera historia y su cultura estaba siendo propuesta. Castro, quien durante toda la visita combinó una sorprendente diferencia al Papa con una continua diatriba en contra de los Estados Unidos, pareció advertir esta propuesta. Tras el intercambio de discursos, en el que Castro había dicho a los cubanos que ellos eran víctimas de la historia, mientras que Juan Pablo II los conminó a convertirse en arquitectos de su propio destino, Su Santidad se encaminó con dificultad hacia el papamóvil para iniciar el paseo por La Habana. Por un instante, Castro pareció actuar como si él también quisiera subir al vehículo del Papa, pero luego retrocedió. Durante los siguientes cuatro días, Cuba perteneció a otro revolucionario. Esta experiencia refutó las consignas pintadas en las paredes de toda la isla: "Fidel es la revolución, la revolución es Cuba".

Tras su triunfante entrada en la capital cubana, el Papa pasó la noche en La Habana. Desde ahí voló a Santa Clara, Camagüey y Santiago, durante los tres días restantes. En sus discursos tocó los temas de la familia y la integridad de la educación, esbozó una reinterpretación de la historia cubana y acabó con una llamada para Cuba renacida en la historia y en la comunidad internacional.

El jueves, en la primera misa papal en Santa Clara, Juan Pablo II criticó el monopolio del régimen cubano en materia de educación, insistiendo en que el Estado no tenía derecho de ocupar el papel de los padres, quienes "deben ser los que elijan para sus hijos el método pedagógico y ético, así como el contenido cívico, y la inspiración religiosa que los hará capaces de recibir una educación integral". De esta forma, dijo el Papa, citando al poeta revolucionario José Martí, los hijos de Cuba "podrán crecer en humanidad..., con todos y para el bien de todos". Por lo que respecta al pasado que la revolución de Castro había tratado de fomentar, Juan Pablo II expresó una interpretación bien distinta: *En Cuba la institución de la familia ha heredado el rico patrimonio de las virtudes que marcan las familias criollas del pasado... Aquellas familias sólidamente fundadas sobre principios cristianos, constituían verdaderas comunidades de afecto mutuo, alegría y celebración, confianza, seguridad y serena reconciliación... ¡Cubanos, proteged a vuestras familias para mantener vuestro corazón puro!*

El viernes 23 de enero, en la plaza Ignacio Agramonte, de Camagüey, Juan Pablo II fue recibido calurosamente por doscientos mil adolescentes, que habían sido educados en el ateísmo durante toda su vida. Bajo un caluroso y húmedo sol caribeño, cantaron, bailaron y enarbolaron banderas cubanas y del Vaticano. Ellos escucharon atentos a Juan Pablo II mientras, desde un altar construido sobre una tarima adornada con los retratos en relieve de Fidel Castro y el Che Guevara, les instó a ser protagonistas de su propia historia personal y nacional: *La felicidad se alcanza a través del sacrificio. No busquéis fuera lo que podéis encontrar dentro. No esperéis de los demás lo que vosotros mismos podéis y estáis llamados a ser o hacer. No dejéis para mañana la construcción de una nueva sociedad en la que los más nobles sueños no son frustrados y en la que podéis ser los principales agentes de vuestra propia historia.*

Aquella misma tarde, Juan Pablo II habló ante una audiencia de intelectuales favorables al régimen y las figuras culturales de la Universidad de La Habana. El Papa estaba visiblemente cansado y su discurso no fue enérgico, pero la audiencia, incluidos los principales líderes del gobierno, escuchaba atentamente, como si se encontraran delante de un venerable catedrático. Tras rezar en la tumba del padre Félix Varela, en el Aula Magna de la universidad, evocó la memoria de su querido "catedrático de catedráticos", y héroe de la independencia de Cuba, para que iluminara la revolución cristiana que proponía. Muchos cubanos, señaló Juan Pablo II, consideran al padre Varela "el cimiento de la identidad nacional cubana; la mejor síntesis posible entre la fe cristiana y la cultura cubana". Un hombre que había enseñado a sus compatriotas a pensar bien, a pensar libremente. El Papa dio al tornillo cultural una nueva vuelta: "Él también habló de la democracia, juzgándola como uno de los mejores proyectos a conservar de la naturaleza humana, mientras al mismo tiempo subrayaba sus demandas." Éstas incluían una educación que acentuara la visión de la democracia como responsabilidad, y una sociedad civil capaz de sostener la regla de la ley. Nadie de los presentes, incluyendo a Fidel Castro, necesitaban que les recordaran que ninguno de estos atributos históricos que

Varela deseaba dar a la cultura cubana se evidenciaban en la Cuba de 1998.

Aquella noche, el Comité Central del Partido Comunista Cubano se reunió en sesión extraordinaria. Al día siguiente, el hermano de Fidel, Raúl Castro, segundo en el mando, acudió inesperadamente a la misa papal en Santiago, que estaba siendo celebrada contra el telón de fondo de la Sierra Maestra, el centro romántico de la revolución castrista. Ahí, Raúl Castro fue testigo de la primera manifestación, en cuarenta años, del símbolo nacional cubano, la pequeña estatua de Nuestra Señora de la Caridad del Cobre, que fue transportada en procesión en un camión Toyota, ante los gritos de éxtasis de una multitud de un cuarto de millón de personas. Al principio de la misa, Raúl tuvo que escuchar contundentes denuncias de "falso mesianismo" por el Arzobispo de Santiago, Pedro Meurice Estiú, cuyas palabras de bienvenida al Papa incluyeron un rechazo a aquellos "cubanos que habían confundido el patriotismo con un único partido, la nación con al proceso histórico que habían vivido durante las últimas décadas y la cultura con una ideología".

La homilía de Juan Pablo II amplió su lección de historia sobre Cuba, recordando el proceso de la evangelización cristiana y la educación cultural, que "ha seguido forjando los rasgos característicos de esta nación". Mencionó una lista de héroes culturales y políticos cubanos que, a lo largo de los siglos, "escogieron la vía de la libertad y la justicia como cimiento de la dignidad de su gente"; y luego hizo un llamamiento para liberar a los presos políticos. En cuanto al futuro, la Iglesia, insistió el Papa, "no busca ningún tipo de poder político para llevar a cabo su misión". La Iglesia buscaba algo más: "Ser la semilla fructífera del bien común a través de su presencia en las estructuras de la sociedad." Defendiendo la libertad religiosa, "la Iglesia defiende la libertad de cada individuo, de las familias, de las diferentes unidades sociales, que están viviendo estas realidades con un derecho para su propia esfera de autonomía y soberanía". Era otro asalto frontal al no mencionado régimen cubano, y la multitud respondió con cantos de "¡Libertad! ¡Libertad!" Luego, Juan Pablo II coronó la estatuilla de la Caridad del Cobre como la reina de Cuba, recordando a todos los presentes que El Cobre había sido el primer lugar de Cuba en liberar a los esclavos y que el padre de la independencia cubana, Carlos Manuel de Céspedes, había hecho la primera bandera cubana del dosel de su altar familiar, postrándose "ante los pies de Nuestra Señora antes de iniciar la batalla por la libertad".

En La Habana, la plaza de la Revolución estaba llena de símbolos revolucionarios para la misa de clausura de la visita papal, el domingo 25 de enero; pero frente a la plaza, en un edificio alto, había una imagen de diez pisos del Sagrado Corazón de Jesús con la inscripción "¡Jesucristo, en ti confío!" Fidel y Raúl Castro, Caridad Diego y altos dignatarios del partido y del gobierno estuvieron presentes en la misa, que fue atendida por más de un millón de cubanos que interrumpían la liturgia con cantos de "¡Libertad, libertad!" Los visitantes que habían decidido permanecer en el hotel y ver el acto por televisión notaron algo raro: la red de televisión estatal describía lo que estaba sucediendo de un modo franco y abierto.

Juan Pablo II aprovechó la ocasión para criticar el embargo económico de los Estados Unidos, hecho humanamente injusto, ya que aquellos que sienten dolor no están a cargo de la política que el gobierno que ejerce el embargo pretende cambiar. Ésta fue una de las principales expresiones de una homilía que duró media hora, en el resto de la cual corroboró la necesidad de las voces que clamaban que el comunismo y el catolicismo pueden coexistir. El Papa insistió en que los problemas de Cuba eran el resultado de un sistema que negaba la dignidad de la persona humana. Juan Pablo II volvió a defender enérgicamente la libertad religiosa, abogando por un Estado "capaz de lograr que toda persona y toda confesión religiosa puedan vivir su fe libremente, puedan expresar esta fe en el contexto de la vida pública, y contar con los recursos adecuados y oportunidades para alcanzar beneficios espirituales, morales y cívicos en la vida de la nación".

La afirmación del Papa fue que el deber de la Iglesia es defender a la persona humana "ante cualquier injusticia, por pequeña que sea". Al terminar la homilía, la multitud comenzó a corear "El Papa es libre y quiere que todos seamos libres", a lo que Juan Pablo II replicó: "Sí, el Papa vive en esa libertad por la que Cristo nos ha hecho libres."

Cuba, concluyó el Papa, "tiene un alma cristiana" que le ha otorgado una "vocación universal". Esa vocación era la de "superar su aislamiento, abrirse al mundo"... "Es el momento de iniciar nuevos caminos", no porque el patrón protector se haya desmoronado en Moscú, sino porque "éstos son los tiempos de renovación en los que estamos experimentando el acercamiento del tercer milenio de la era cristiana". Luego, el Papa encomendó "a esta gente que está tan cerca de mi corazón" a la reina de Cuba, la virgen de la Caridad del Cobre, para que intercediera por ellos y así "obtener para sus hijos los dones de la paz, del progreso y de la felicidad".

Juan Pablo II criticó severamente el embargo económico de Estados Unidos hacia Cuba.

El aliento final

esde su última visita a los Estados Unidos, en otoño de 1995, se habían puesto en evidencia los problemas de salud de Juan Pablo II. Los que trabajaban con él lo veían tan lúcido como siempre, pero también advertían que se cansaba con facilidad. El mal resultado de su operación quirúrgica de la cadera, en abril de 1994, seguía causándole dolores; su dificultad para caminar lo había llevado a hacer menos ejercicio y en consecuencia a ganar peso. Además, en 1994 se le diagnosticó una forma de Parkinson, causante del temblor de su mano y brazo izquierdo.

Personas de todo el mundo acuden a despedirse del Papa.

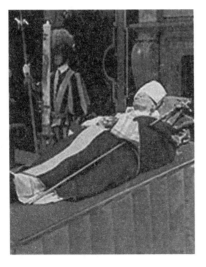

Juan Pablo II descansa en paz.

Vivir con esas limitaciones físicas no era fácil para un hombre que había gozado de una gran fortaleza desde niño, por lo que le costaba aceptar que su cuerpo ya no respondiera a sus deseos. El temblor de su mano no era sólo una molestia física, avergonzaba a un hombre con un acusado sentido de la presencia pública. Su profunda convicción de que su vida estaba en manos de una autoridad superior y sus reticencias a des-

Líderes de todo el planeta acudieron a su funeral.

cargar su agenda oficial o pasar menos tiempo leyendo y escribiendo lo convertían en un paciente muy "impaciente". Sin embargo, de vez en cuando se tomaba un respiro. Algunas noches consentía en acostarse temprano, pero a pesar de estos ajustes seguía trabajando a un ritmo acelerado. Sus colegas más cercanos advirtieron que, incluso en las situaciones más difíciles, conservaba el sentido del humor; cuando su secretario le preguntó en una ocasión: "¿Está llorando, Santidad?" Juan Pablo respondió "Por fuera no".

En el verano de 2002, a pesar del gran deterioro de su salud, el papa viajó a Canadá, México y Guatemala. Un mes después realizó la que sería su última peregrinación pastoral, precisamente a su país de origen, donde oficio una misa ante dos millones de fieles en su querida Cracovia, de donde había partido para asumir su pontificado; eran los últimos alientos de una vida extraordinariamente fructífera, que continuó latiendo hasta el 2 de abril de 2005, cuando Juan Pablo II pasó definitivamente a la historia.

Juan Pablo II dejó una enorme huella en todos los habitantes de este planeta.

El 2 de abril de 2005, Karol Wojtyla pasó definitivamente a la historia.